綠色奇蹟

發現阿拉斯加

Green Alaska

南西·洛德 著
李璞良 譯

宜高文化

目錄

華盛頓特區

前言

這本想像力豐富的作品大部份是根據一八九九年哈瑞曼阿拉斯加探險隊的記錄，以及隨隊的作家約翰・鮑洛斯所著之書所寫成。本書雖然對許多學者多所仰仗，但卻沒有學院派的刻板和拘謹。

它最主要的參考文獻即是鮑洛斯所著的《哈瑞曼阿拉斯加探險記實》（Alaska：The Harriman Expedition,1899），另外也參酌了喬治・柏德・葛林尼爾的《哈瑞曼阿拉斯加探險隨筆》（Alaska 1899：Essays from the Harriman Expedition）。

至於另一本助益甚大的書，則是由威廉・高茲曼（William H. Goetzmann）和凱・史隆（Kay Sloan）所著，且內容完全是撰述哈瑞曼那次歷險的《眺望極北》（Looking Far North：The Harriman Expedition to Alaska,1899）。

我對鮑君的了解係仰賴於他的二十七本著作，以及有關他的一些傳記，其中包括卡拉・巴魯斯（Clara Barrus）的《約翰・鮑洛斯的一生與手札》（The Life and Letters of John Burroughs），伊麗莎白・鮑洛斯・凱莉

（Elizabeth Burroughs Kelly）的《自然學家約翰・鮑洛斯》（John Burroughs：Naturalist），彼得・魏斯布魯克（Peter Westbrook）的《約翰・鮑洛斯》（John Burroughs），以及艾德華・雷尼漢二世（Edward J. Renehan Jr）的《美國自然學家約翰・鮑洛斯》（John Burrough：An American Naturalist）。至於比爾・麥其賓在其所著的《樺樹粗覽》中，除了把鮑氏的生平做了完整的介紹，而且還將鮑氏若干篇有關自然界的最佳作品收錄於其中。此外，我也推薦保羅・布魯克斯（Paul Brooks）的《為大自然說句公道話》（Speaking for Nature：How Literary form Henry Thoreau to Rachel Carson Have Shaped America），以及法蘭克・史都華（Frank Stewart）的《大自然作品的一頁自然成長史》（A Natural History of Nature Writing），他們都將鮑氏的貢獻做了大篇幅而且深入的報導。

美國國立博物館的案卷保管處也提供了許多相片和相關資料，讓我頗感欣慰。另外我還要感謝派翠西亞・韓波（Patricia Hampl）在我寫作初期的鼓勵和建議，而在莫辛（Mershon）家人、路基帝斯（Laukitis）家人和M＆M號船員的鼎力相助下，我才得以赴假通道（False Pass）一遊，並讓整個旅程充滿了愉悅。至於像是把我介紹給華府各界的尼維特・鮑溫（Nevette Bowen），給我不少鼓舞和諮詢的代理人伊麗莎白・華莉絲（Elizabeth Wales），充滿體諒又具眼光的傑克・修梅克（Jack Shoemaker）和崔許・郝爾德（Trish Hoard）等，也讓我銘感五內。此外還要特別推崇我的夥伴肯・凱斯特涅（Ken Castner）的友誼、幹勁和高度的幽默感，使我得以一路順利地走來。

當然我更要對阿拉斯加州西卡郡（Sitka，Alaska）的島嶼協會（Island Institute）、明尼蘇達州雷文郡（Redwing，Minnesota）的安德森學術研究中心（Anderson Center for Interdisciplinary Studies）、維吉尼亞創意藝術中心（Virginia Center for Creative Arts）、西班牙莫加卡（Mojacar，Spain）的Fundacion Valparaiso，和阿拉斯加州州立藝術審議會（Alaska State Council the Arts）等單位的大力支持，表達我由衷的謝忱。

再者還有許多豁達大度的朋友們幫我審查作品內容，並提供不少寶貴的意見，在此亦一併致謝，像巴克・路基帝斯和雪莉夫婦（Back and Shelly Laukitis）、湯姆・吉起亞（Tom Kizzia）、凱倫・魏素（Karen Wessel）、溫蒂・厄德（Windy Erd）、金・康渥（Kim Cornwall）和大衛・羅伯茲（David Roberts）等都是。

此番出航除了該船的船員和長官外，一行人一共超過四十位，其中頂著大學教授光環的比比皆是，他們皆出身於從西海岸以迄東岸的著名學府，包括植物學家、動物學家、地理學家和其他的專業人士，像是藝術家、攝影師、二位

醫生、一位訓練有素的護理人員、一位神學博士，以及至少一位夢想家。

摘自約翰・鮑洛斯的《哈瑞曼阿拉斯加探險記實》

人類最古老悠遠的夢想，就是找到能容納一切生靈的尊嚴，而人類最大的渴望想必就是把這尊嚴引領到自己的夢中，讓每個人得以尋覓出自己的人生楷模。

摘自巴瑞・羅培茲（Barry Lopez）的《北極之夢》（Arctic Dreams）

夢想家（Qatsitsexen）這個名詞照字面上的解釋，是「能預知夢想的人」，而這種人也透過自己活生生目睹到的夢想，向普羅大眾提供出指引。在Kenai Peninsula Dena, ina的傳統思維中，西方文化對於夢的認知有很大的紛歧，以心理分析的角度來說，夢通常可視之為個人對過去某一件事的潛意識表達，而且由於超脫了意識的控制以及模糊不清，以致於被歸類為幻覺或超現實的範疇內。其實Dena, ina的夢無關乎過去或現在，而和未來有關，其所代表的並非幻覺，而是一些肯定會發生的事實。

摘自亞倫・鮑拉斯（Alan Boraas）和多尼塔・彼得（Donita Peter）的《Kenai Peninsula Dena, ina間的真正信仰》（The True Believe

Among the Kenai Peninsula Dena, ina）

環保主義者一直被視為這世界的夢想家，而事實上他們卻是現實主義者。

摘自威爾森（E. O. Wilson）的《奧都朋》（Audubon）

夢想始於責任

摘自葉慈（William Butler Yeats）的《責任》（Responsibilities）

偉大的探險家

這兒所談的艾德華・哈瑞曼（Edward Harriman），堪稱為一百年前的比爾・蓋茲，在一八九九年貴為聯合太平洋鐵路公司（Union Pacific Railroad）總裁的這位老兄或許是全美首富，在醫生的堅持下他得放下紅塵俗務，前往其他地方度假，當然他的財富是負擔得起旅程中的一切揮霍。當時如果技術可行的話，他會讓阿姆斯壯瞠乎其後的。

那時他很想前往具有異國風味的地方一遊，而這地方並沒有像天邊的月亮那般遙不可及，就這樣他租了艘大型蒸汽船及整套配備，打算前往阿拉斯加水域進行這趟豪華之旅。

在當時前往阿州南方內陸一遊可謂時髦之舉，至於要赴整個阿州海岸、白令海峽和最遙遠的西伯利亞海岸線，就更堪稱為前無古人了。這次旅程除了靠船外，還得搭火車穿越遼闊的大陸，前後共兩個月，而時令剛好是日照充足而且風平浪靜的夏日。

哈瑞曼行事井然有序，船上的裝備亦一應俱全，有動力汽艇、獨木舟、鋼琴、風琴、行獵用的各式武器、馬匹、帳篷、成箱的香檳、把酒言歡時所必備的高腳杯、小型圖書館、最新型的視聽設備、公牛、羊、火雞、雞隻、乳牛、一台專門預備把所獵得之阿拉斯加大棕熊給搬上船的起重機，以及必要的人員，其中包括六十五名船上主管和船員，以及醫生、護士、牧師、速記人員、剝皮製標本的師傅、獵人以及一些幹粗重活兒的人。

其他的乘客名單尚有哈瑞曼的妻兒和他所「御選」的一些朋友。當時他老兄不僅富可敵國，而且還作風慷慨，因此邀請了三十多位名流，不僅全美知名的自然科學家均名列其中，而且還包括具工程實務背景者、文化界知名人士、作家、藝術家和攝影師等，皆堪稱一時俊彥。除了那些女流和男性好友外，每個人都學有專精，各自也有所指派的工作或研究課題。而且，每個人也都要參加這所「流動大學」上所辦的一些演講和娛樂活動。

哈氏的夢想還不只是這些而已，雖然這只是歷史學家的臆測，但一般人都認為他不遠千里地來到阿拉斯加，是打算進一步地尋求商機，看看是否有什麼資源可供開發的，然後以火車運走。或許他一心想打造一條環繞全世界的鐵路線，從美、加橫越阿拉斯加，然後在接近白令海峽的地方跨入西伯利亞。這樁想法乍看之下或許有些異想天開，但卻一直有人在討論著。

但本書所記述的並不是這個以鐵路繞行全世界的夢想，也不是探討阿拉斯加的煤礦和木材是如何地豐富，而是些其他的夢想：對這片人跡罕至的大地作一番簡單而又羅曼蒂克的巡禮。自從美國和蘇俄簽下這筆可疑的土地交

易後，三十二年的光陰轉眼即逝，而這片廣袤的土地仍是神秘未知，雖然過去曾有兩支經驗豐富的探險隊——分別由威廉·戴爾和約翰·莫爾所率領——深入這片不毛之地。過去對當地動物和冰河的探索，可說以他們二支隊伍為主，而這二人也因此而聲名大噪。他們一路丈量阿拉斯加的海岸線距離和樹的年輪，計算潮水所帶來的魚獲量，並蒐集各式昆虫。此外，他們還看到印地安人食用海鷗蛋、大啖土撥鼠，更見識到愛斯基摩人所划的皮舟，這一切都是那麼的新奇怪異，也值得鮑洛斯一行人去品頭論足、攝影、作畫並大書特書。

如果他們沒有受邀從事這趟旅程，而在這世紀之初見証到阿拉斯加，那麼這地方至今仍是全新而陌生的嗎？如果是這樣，那麼要到什麼時候它才擺脫遺世而獨立的命運？當時是個純真的年代，維多利亞式的樂觀主義仍然駕馭一切，一八九九年的阿拉斯加可說是個許諾之地，或許至今仍然是。

在西雅圖上船前，眾賓客們紛紛拍照留念，全美受推崇的自然作家約翰·鮑洛斯亦赫然在坐，時年六十二的他在當時也可謂全美最令人欽羨的作家。只見他足蹬高腳皮靴，黑邊帽下掩不住一臉的神采飛揚，白色的鬍子蓋過了衣領，讓他看來更加的慈祥和藹，而最討學童喜愛的那副面容也宛若他們的爺爺一樣。此時他像在政治中翻騰的人物一樣，向目送船隻遠離的眾人揮了揮手。鮑才剛剛搭乘火車橫越大半個美洲大陸而來，準備遠赴一個陌生

綠色奇蹟

——阿拉斯加的浩劫與重生

的國度歷險，而他所認識的人中，只有另一個同喚約翰的人曾去過那兒，此君即為約翰・莫爾，他曾寫了不少有關冰河和他愛犬的文章，湊巧的是他也加入了這次的探險隊。另一方面鮑洛斯雖然對這次旅程信心滿滿，但仍不免犯嘀咕：「這麼長途跋涉所為何來？難道一定要在這種情況下才能一飽大自然的旖旎風光？……這次是否鑄下了大錯？」

他一心想看的就是大自然的風光，為此他曾走遍全國各地，細膩的他對大自然也是觀察入微，像是鳥類用嘴整理羽毛或是蜜蜂採蜜等最細緻和我見猶憐的一面，在他的十一本相關著作中也一一躍然紙上。他算是全美國對自然研究最狂熱，以及最醉心此道的人。當時全美正如火如荼地推展所謂「回歸自然」的活動，透過他清晰寫實且充滿鑑賞力的筆觸，北美鶇鳥的甜美歌唱、驚濤拍岸的壯觀場面，以及玉米穗所散發的尋常之美，彷彿都活生生地呈現在讀者眼前。鮑氏的文章絲毫不會像梭羅筆下那樣令人「渾身不適」，換句話說，前者在文章中完全沒有隱喻、暗示或道貌岸然的訓誡，有的只是歡欣雀躍和載欣載奔之情。

鮑氏眼中亦滿是羅曼蒂克，喜歡以神話的角度描述和諧的田園風光。在他眼光中大自然具有舒緩身心的作用，不但有益性靈，亦具「開胃」之效，像是在鄉間小路悠然地閒逛，讓人心嚮往之，也因此他的目光經常駐足在蓋茨基爾（Gateskills）的群峰、田野、葡萄園和哈德遜河的緩緩流水中。他心

中的理想國是個文明且像家一般怡然自得的處所，他的同好達拉斯羅瑞夏普（Dallas Lore Sharp）就有過這麼一段鞭辟入裡的描述：「鮑氏書中每一處開放的田野都會連同柵欄一起出現，而莽莽叢林間亦總會看到住戶的屋頂。」

可是他以前卻從未到密西西比河以西的地方遊歷過，也未嘗體驗過真正的荒野生活。

他在這次旅程中是擔任歷史學家的角色，也是正式撰述旅遊報告的執筆人之一。

除了鮑洛斯外，還有下面這些人也在靜待船的緩緩離去。

哈特・莫瑞姆（C. Hart Merriam），此君為美國生物調查協會（U.S. Biological Survey）的會長，也是知名的哺乳動物學家。由於身為該科學機構的領導人，所以此次探險中大部份的參與者都是由他遴選的，當然也身負管理和保持團隊高昂士氣的責任。撇開耀眼的頭銜不談，他倒是位頗能上山下海的生物學家，三兩下功夫便能上岸設好老鼠陷阱，也願意把科學研究的觸角伸到海獅身上。此外，他更是位業餘的攝影師，具有獨到的藝術眼光和敏銳的史學素養。

喬治・柏德・葛林尼爾，身兼《山林與溪流》（Forest and Stream）這份戶外雜誌的編輯和奧都朋協會（Audubon Society）的創辦人。二十年來他一直在研究蒙大那州黑腳（Blackfoot）印地安人，此次大家也咸望他能對阿拉

綠色奇蹟

——阿拉斯加的浩劫與重生

斯加土著文化的觀察做出貢獻。此君目光敏銳，能深入檢驗社會和經濟上的劇烈變動，不過也因此而成為悲觀主義者。

幸運的艾德華・古提斯在一年前還是擁抱群峰的攝影師，年輕又時麾。在他的協助下，一個在雷尼山迷路的徒步旅行團才得以脫困，因此莫瑞姆和葛林尼爾這兩位團員在為此次探險尋找攝影師時，就自然而然地想到了他。雖然在這次探險中他的作品超過五千幀，不過仍從前兩位那兒學到不少，像是莫瑞姆就教他一些拍攝阿拉斯加土著的技巧，另外葛林尼爾也發揮了影響力，讓他得以貢獻出自己的專業技能，替即將消逝的印地安人文化留下不少記錄。

威廉・戴爾是此次探險隊中年歲最大的團員之一，也是全美最早研究阿拉斯加的自然主義者，因而建立了卓著的聲譽。此外，他在許多領域中都堪稱權威，從歷史以迄於考古均是，後來更在軟體動物這一領域中獨領風騷。

約翰・莫爾口若懸河，是個大無畏的環保主義者，對冰河尤為狂熱，當然對此次探險打獵和蒐集標本的作法深不以為然，為此他曾臉不紅氣不喘地說：「為什麼我會比哈瑞曼還要有錢呢？很簡單，我想賺的錢全都已經到手了，而他老兄卻沒有。」

當然除了上述幾位外，其他知名人物也不少，只可惜「族繁不及備載」，像是鳥類藝術家路易斯・艾嘉・傅帝士、冰河學家葛洛夫・卡爾・吉

伯特（Grove Karl Gilbert）、地理學家亨利・甘涅特，以及當時只是穿水兵服的八歲娃兒，但日後卻做過大使和州長的艾佛瑞爾・哈瑞曼（Averell Harriman）。

一百年後阿拉斯加已成為採油重鎮，航行到這兒的船亦絡繹於途，而哈瑞曼那次的探險也深深留存在我們的歷史和我們的地圖上，同時我們對阿拉斯加的認識也是以此為藍本。此次探險對阿拉斯加的影響是無遠弗屆的，我每到一個地方幾乎都可以看到那些人的影子，如哈瑞曼海灣、古提斯山、福克斯岬谷等，連被視為沙洲的我的家鄉小鎮，也出現在鮑洛斯和莫爾的合照中。另外像是冰河理論、大棕熊，以及有關愛斯基摩人和捕鯨船的故事，也是在這次探險後成為大家矚目的焦點。

當我有機會搭船從柯克海口，一直到阿拉斯加半島的盡頭遊歷時，就在想自己不正是遵循著先人的足跡前進嗎？這條路雖然只是那次漫漫旅程中的某一段，但他們的確是沿著這條途徑一路駛至夏立柯夫海峽（Shelikof Strait），並穿越整個半島而到阿留申群島（Aleutians）以及更遠的地方。

而我也在營帳裡穿著毛帽和雨衣，手捧著高祖母的皮裝書《約翰・鮑洛斯作品集》（The Writing of John Burroughs）的第十三冊，為這本書尋找靈感。

鮑洛斯稱自己為夢想家，在我眼中，這位逐漸消逝於圖書館和詩集文選

綠色奇蹟
——阿拉斯加的浩劫與重生

中的人簡直和我系出同門。我從小就在他落腳的東海岸長大成人，後來搬到阿拉斯加，因此對那兒的山水亦了然於胸。而他的著作連同我家三代同堂的照片也曾靜靜躺在祖父和父母的櫥櫃中，並隨之走入我的生活。由於家庭因素讓我自幼便和他熟稔不已，此外我也非常喜愛他，因為他知道如何謹慎小心地看待事物，而且在遣詞用字上也抱以同樣敬謹的心。他的散文似乎永遠那麼地簡潔有力、觀察入微，並且在靜謐中充滿了幽默感。至於我喜愛他的另一個原因，則是他知道許多可愛的地方。

我所要經過的人間淨土在過去少有人煙，而且是低度開發區，就像哈瑞曼探險時所經過的任何一處海岸線一樣，直到今天都絲毫未見改變。另外我也以同樣的船速途經這片大地，而我所目睹到的山之顛、海之涯，相信也和鮑氏自甲板上的躺椅，以及從舷窗所看出去的一般無二。

我一邊注視著這片依然活在大多數人心中的大地，一邊不由得想到如果大家始終視其為想像中的王國，那麼還能找到更棒的地方和時光嗎？我時而抬頭仰望、時而低頭沈思、時而悠遊於書卷之中。只見大地一片靜寂，似乎無視於引擎的轟隆聲，和波濤拍打在船體上所發出的悶響，我想讓它入我夢中，除了沿著海岸前進外，更要深入整個阿拉斯加，深入這極北之地，以及世界的盡頭。

PART 1

阿 拉 斯
Nome
Nulato
育空河
拉比
Norton Sound
Unalakleet
育
空
河
Kuskokwim山脈
Mountain
Village
Chevak
赫利庫羅斯
Kuskokwim河
Lime Village
Bethel
Napaskiak
Kilbuck山脈
Eek
Taylor山脈
Newhalen
Togiak
Dillingham
Iliamna湖
Nakmek
Katomai國家公園
Bristol 灣
阿
拉
斯
加
半
島
Kodiak島
300km

滄海桑田

當我們從卡其馬灣（Kachemak Bay）出發時，捕比目魚的漁船正緩緩駛入，掠過平靜無波的海面，激起一陣陣漣漪，像極了飛機在高空航行時所形成的飛行雲，它們一層又一層地自外灣外緣和柯克海口湧入，就像海軍突擊隊一般奮勇進攻，精準、神速而且正中目標，最後都集中於荷馬岬尾端的港口，而讓一切復歸平靜。

曬著太陽的漁夫雙腿仍浸在海水中，捲起朵朵浪花，待會兒就會在成串的魚獲邊擺出架勢。這些「海底雞」會以二十磅為單位加以排列，且遠比這些漁民自身還來得碩大無朋，動輒兩百磅至三百磅，甚至還有三百五十磅的，至於去年在當地所舉行的比目魚大賽，獲勝的那隻重達三百九十七磅。

我的合夥人肯已把這艘百來英呎長的捕蟹船重新打造成捕鮭船，打算趁著夏天前往M區的鮭魚魚場。只見他把船設定為自動駕駛，以便到甲板幫助其他船員裝貨。

我揚了揚眉：「這一趟他們全都會跟來嗎？」

「不會的！」肯答道。

綠色奇蹟
——阿拉斯加的浩劫與重生

只見荷馬岬在我們身後逐漸退去，由於一大堆的商務活動擠在這片小小的沙洲上進行，使得它看起來有點不勝負荷，像多年前我在阿拉斯加的第一份工作，就是在那座方形的罐頭工廠裡敲碎蟹腳，還有那間名字取得可真是貼切的「陸尾旅館」，也是早年肯擔任夜間櫃檯的工作地，另外還有閃閃發亮的白色油槽，起重機忙個不停的魚船碼頭，以及正準備飄浮到日本、韓國的大批木材和堆積如山的黃色木屑。至於穀倉屋頂則搭起了做觀光客生意的店面，裡面有供試吃的煙燻鮭魚、T恤、帽子、填充玩具、和海膽做成的冰箱磁鐵，把高架木板路堆得是滿坑滿谷。這兒的每一吋地方幾乎都是「空中閣樓」，沒有「腳踏實地」的感覺，而成堆的木材也成了以車為家的那批人之禁臠，多得足以圍繞住一個半大不小的城市。

從荷馬岬遙望內陸，荷馬台地和丘陵歷歷在目，陽光灑向窗戶和金屬屋頂，經過反射讓這些地方尤其顯得燦爛奪目。在我舉目張望之際，一架飛機正陸地自機場爬升起來，然後掉頭就往北邊的安克拉治飛去。

我頓時百味雜陳，有對家鄉的孺慕之情，也有天堂已逝的悲愴和苦楚。我是看著這個小鎮長大的，由當初的一艘捕魚船起家，演變成現在的一整批船隊，原先骯髒的街道如今也搖身一變為外環快速道路，甚至還開了一家麥當勞。拉回了現實後我心頭一驚：時光荏苒，自從哈瑞曼探險隊在此駐足後，我也待了四分之一長的歲月，如今都倏然已逝，許多東西無疑地也早已

物是人非。

「荷馬這地方一無可觀之處！」鮑洛斯在一八九九年這樣描寫到。我想他意思是說這地方一點也不美，居民也依舊粗魯不文，多年來絲毫未見提升。哈瑞曼的親朋或許是荷馬的首批觀光客，不過實際上岸的人卻不多，剛寧博士和「探勘煤礦」的雷船長曾拜訪過他們，但後來連當地的郵局也停止作業了。大概就因為這樣，他們才會對登陸一事感到意興闌珊，這些人和今天的觀光客並沒有什麼不同，都必須為食物辛苦張羅，只是後者要是到碼頭冒險的話，通常更會對成堆的木材和魚腥味抱怨連連。

想到木材也讓我心情一沉，不過倒不是因為它們破壞了美感。哈瑞曼阿拉斯加探險隊對阿拉斯加的原野估算有誤，當初這批專家在船上判斷阿拉斯加的木材質劣，而且難以枝繁葉茂，加上距離市場又遠，因此鐵口直斷地認為除了供當地使用外，別人是懶得碰它們的。不過許多年後，阿拉斯加西南部蒼翠繁茂的雨林卻被砍伐殆盡，如今又在工業的蓬勃發展下，連阿州北境那些成長最緩的參天古木赤松亦劫數難逃。

我斜睨了一眼，就像鮑洛斯一樣，打算向沙洲、翠綠的小山丘和草原做最後的巡禮。時值六月末梢，四周一片霧靄迷濛，當初喬治長老號在海灣裡下錨時，鮑洛斯注意到整個「村落」就只有沙洲末端的四、五間木造建築，而現在它也和過去一樣，存在的彷彿就只有它的名字和三年前的那間郵局。

綠色奇蹟
——阿拉斯加的浩劫與重生

當時一家專坑投資人卻不採金礦的礦業公司曾短暫地設總部於此，五十名男人和一名女子就以其老闆荷馬・潘諾克之名，替這片居留地命名，不過連一個冬季還沒過完便於一八九九年遷至溫度較高的柯隆迪克。

那位隻身週旋於眾家好漢間的女子在許多年後寫道：「我想這是我所見過最荒涼孤寂的不毛之地。」

就在我頻頻回首之際，我們的船已航向海天一色的海口，只見沙洲愈來愈矮小，小村落也消失於一片蒼茫中。「荒涼孤寂」雖非我用來形容這地方的字眼，然而它的確不受早期那些旅客的歡迎，而後來鮑洛斯和他的探險隊員們或許也發現到這點。但在我眼中，那些貯油槽、塞滿以車為家者的道路、木板路、店面、所有的工業發展，以及一切的一切，都讓這地方看起來只是片散見流木的狹長海灘，棉鳧的巢隱匿於隨風搖曳的野草中，遠方則可見到繁茂蒼翠的陵地。我發現即使到了隆冬，那些柔和的光亮、陰影以及所有的海之涯、天之角，亦都格外讓人又疼又憐，也或許在歲寒之際，這些感受才尤顯強烈吧！這片好山好水和洞天福地並不荒涼孤寂，而是令人望眼欲穿，甚至稱此為伊甸園亦不為過。我相信若是時光倒流一百年，我會死心塌地愛上它的。

艨艟巨艦

概述

即使在遠方，我們也可以從黑煤燃燒所產生的柱狀煙灰中辨識出它來；即使在濃霧中，也可由它嘹亮的汽笛聲認出它。喬治長老號一前一後有兩個船桅，高度足足有煙囪的二倍，方形船首，鐵打的船身上白下黑，最上層的甲板則是駕駛室和堆放救生艇的地方。

這艘巨輪長兩百五十英呎，船腹為三十八點五英呎寬，比例上相當調和，而船也可以因此而快速地破浪前進。至於它在水面下的身軀則更為龐大，並且還有一具三翼的大推進器。

重則為一千七百〇九噸。

更近一點看就可以分辨出索具、舷窗，和禁止乘客走動的載貨區，裡面有兩個著水手服的年輕人在看守著。

船內亦別有天地，穿過樓梯和走廊，即可來到頭等艙、廚房、餐廳、圖書館、酒吧、船員寢室、引擎室、堆貨區、煤倉、火爐、馬廄，牛棚和禽舍等。其中木桶內裝滿了新鮮潔淨的水，圖書館裡亦藏書五百冊，裡面大都是有關阿拉斯加的。

源起

這艘船是在一八七七年時由奧勒岡汽船公司（Oregon Steamship Company）所造，是當時來往於西海岸最快及最現代化的渡輪，從波特蘭至舊金山航程為五天。

到了一八八八年，它轉而擔任往來於阿拉斯加西南方的郵輪。教育部官員雪登傑克森（Sheldon Jackson）在西卡創辦博物館時，還特地委由它把兩個圖騰柱從米拉卡特拉（Metlakatla）運到那兒。

後來哈瑞曼打算赴阿拉斯加探險時，就和船公司簽訂了租約，並重新翻修和粉刷，費用完全由哈負責。

船名

它正式名為喬治轉輪號（George W. Roller），在深海中行駛時相當穩健，不過乘客們還是經常會暈船。

性能

　　它也像所有同級推進器的船隻一樣，由一具蒸汽引擎運轉二台推進器，而成為它動力的來源。另外它是以煤為燃料，因此會排放很大的黑色煙柱。至於平均速度則為十二節（亦即時速十二海哩），當它下錨後會一片寂靜，或許還會讓乘客聽到岸邊的鳥叫聲。

　　船長係靠著海圖、羅盤、汽笛回響聲和導管發出的聲響航行，並且以航行時間和航速，以及眼、耳、口、鼻等計算兩地間的距離。不過，它也像其他同級的船隻一樣，經常遭到擱淺的命運。

船之頌

　　它每停泊一處，就會在停靠妥當後響起一陣長長的汽笛聲，用來呼喚乘客們下船，並在重新啟航前呼喚他們上船。

　　另外船員也會把唱片的聲音放到最大，以娛樂賓客，或在甲板上舉辦活動，或是送往迎來之用。兩套錄放設備都是在西卡買的，並且會一路播放著歌曲，或是管樂團的演奏曲。

　　當然船上的酒吧間也會不時傳來悠揚的樂聲，大夥兒或在這兒唱讚美詩，有時低吟淺唱，有時嘹亮的歌喉簡直能聲震屋瓦。

未來展望

一九〇五年，它曾在哥倫比亞河裡撞擊到一塊巨岩，並因而沈沒過，一年多後，大家又把它打撈上來，並重新服勤。到了一九〇七年，兩艘其他的蒸汽船不幸發生碰撞，許多落海的乘客靠它搭救才得以撿回性命，不過仍有一百名乘客不見芳蹤。它最後一次見諸報端是一九一八年的事，這時它已被封為「遠古的蒸汽船」，打算載著一船的硝鈉肥料由南美洲駛往普吉海灣（Puget Sound）。

懷璧其罪

我們是在卡其馬灣看到了生平的第一隻海瀨，只見牠高高躍出海面，然後破浪前行，還不時在我們的航道上左右翻騰，並慵懶地戲起水來，接著又再度背上腹下地翻滾。當時我們十分貼近，幾乎可以互相見到對方整個的臉龐，而且彼此間還能目光接觸呢！我不禁有些目眩神迷，猜想牠表情中一半是好奇，一半是蔑視，而且程度在我之上。我仔細瞧了瞧牠如耄耋老翁般的臉龐，才發現牠灰色的臉龐上，有雙烏溜溜的眼睛，另外一足扣住胸部，看起來一副精疲力竭的樣子。

以前我曾住過這兒，剛開始時還見不到海獺，後來才有一些沿著海灣南側移居到這兒，不過數量不多，而且又頗羞怯。能見到牠們真是不亦快哉，尤其是在以嘴理毛，或是咬破蜆殼，探頭窺看裡面的蜆肉，接著在吸吮光後把殼像吐骨頭般地吐掉時，更是難得一見的鏡頭。不久後，移居到海灣裡的海獺就逐漸多了起來，而且種類也增加不少，有時牠們在暴風中呼天搶地，有時母海獺也會在粗暴用勁的交配過程中，被不知憐香惜玉的公海獺咬破鼻子，因而鮮血直流。海獺一來就有如蝗虫過境般，整個險岬裡的暗礁都被牠

綠色奇蹟
——阿拉斯加的浩劫與重生

們掀了起來，然後把棲息在裡面的蝦蟹蚌貝等搜刮一空。此外，牠們也吃以大海草為食的海膽和海星，所以能讓海草長得更茂盛，以提供其他海族更多的食物和棲息地。後來我才了解，海獺是所謂的「重點物種」，在維持其他物種的生存上可謂貢獻卓著。因此可以這樣說，有海獺的地方才會有其他物種的繁衍機會，而且有牠存在的地方，生物種類也自然會多樣化，正因為如此，牠也是衡量環境是否健康的指標。

剛剛才和我們「面面相覷」的那隻海獺，現在已成了海面上的一個小斑點，不過仍不時出現在浪頭高處，那張「渾身是寶」的毛皮在波光下顯得光彩奪目。過去我從未接觸過海獺，但是曾專程跑到荷馬的博物館裡，撫摸著展示在那兒的海獺皮。它的柔軟簡直超乎我們想像，連任何貓類都瞠乎其後，也不是任何貂皮、兔皮或鹿茸上的絨毛狀皮所可比擬。事實上，它是全世界質地最佳、最濃密的毛皮，每一平方英寸上足足長有五十萬根毛髮，而且它極細薄，空氣很容易蓄積其中，換言之，海獺皮是從不會被打濕的。當我在博物館裡輕撫著它時，感覺上就像是有一股熱流透過手指直達手掌，讓人悸動不已。

許多事物都是以海獺為開端，牠開啟了阿拉斯加的第一波開採熱潮，東來的俄國皮草商奴役著阿留申人，並強迫他們獵取海獺，以致於讓牠們瀕臨絕種。

我很難想像，這些海獺憑著阿拉斯加險峻、狹長又多缺口的海灘為天然屏障，竟也這麼不堪一擊，除非是屠宰的機械設備十分有效率，否則為什麼從阿州東南以迄於阿留申半島以及更遠處的海獺，能被這些獵人屠殺殆盡。到最後，能留存下來的海獺已屈指可數，因而讓獵海獺變得無利可圖。到了一九一〇年，也就是在牠們受到國際公約保護的前一年，一艘蒸汽船率領著十二隻小船遠航至阿留申半島獵海獺，結果一整個夏季只獵得四隻。

鮑洛斯在一八九九年似乎還未見過海獺，當時全世界據估計不超過幾千隻，這些倖存的海獺變得十分機警而靈敏，會把所有東西都看成船隻或是獵者。鮑氏文章中未見有關牠們的描述，不過他曾拜訪過培波洛群島（Pribolof Islands）上的海豹養殖地，並提到：「以前曾去過那兒的夥伴們沒幾年就失望而歸，他們很吃驚的發現，那兒的動物數量正急速的減少，大概只剩下十分之一。」匹夫無罪，懷璧其罪，他知道阿拉斯加海中哺乳動物的減少，是因為人類掠奪其毛皮之故。

哈瑞曼駐足在雅庫塔灣（Yakutat Bay）時，曾以五百美元買了張海獺毛皮，不過鮑氏在文章中卻未置一詞，是他不知道此事嗎？我想他是知道的，而且不但為哈炫耀財富之舉感到羞慚，還認為哈應該為該物種瀕臨滅絕而受到懲罰。

其實這是供需的問題，一張海獺毛皮五百美元並非天價，以前中國的滿

綠色奇蹟
——阿拉斯加的浩劫與重生

州人向俄國購買時，單單一張就曾喊價到二千美元，一九一〇年在倫敦的皮草市場上，每張亦曾賣到二千美元。我算了算，在哈氏以五百美元購入一張毛皮的當時，一個工人每天的平均薪資為二點五美元，而當時的這五百美元若換算成現在的幣值則相當於二萬美元。

當一九八九年，艾克森石油公司不小心把原油外洩在威廉王子灣（Prince William Sound）時，估計有三千九百〇五隻海獺同赴黃泉，死亡原因是髒污的毛皮無法保持牠們溫暖和乾燥，因而在瘋狂地理毛時攝取到許多油污，並造成體溫遽降。艾克森公司曾拯救出三百四十四隻，並且把牠們身上的油污給清除乾淨，其中近三分之二復原的情形良好，能夠野放回牠們原有的棲息地。平均下來救援每隻海獺要花上八萬美元，其中包括拯救作業、運送、請獸醫照顧、醫療、食物、泳池設備，以及持續的監控作業等。

時至今日，大約有十萬隻海獺散居在阿拉斯加的水域中，從一九一一年就嚴格禁止商業獵捕行為，但是在聯邦法律的保護下，阿拉斯加的土著還是可以獵取其毛皮自用，或是製成手工藝品販賣。雖然最近這些傳統用途又重新獲得核准，雖然並非全無爭議，但大多數人都了解原住民對這些海中哺乳動物的獵捕，是長期以來的文化傳統，縱使這些傳統也不時受到干擾，或是其合法性有待商榷，但大致上仍尊重這些文化傳統。我們只是想要強調，自從俄國皮草商首次抵達這兒後，一切景況都永遠地改變了，要想恢復舊觀談

何容易。而且，尚沒有人類學家對好幾世代前的阿留申人進行研究，使得該民族與海獺共存共榮的智慧，連同海獺本身都在俄國人的奴化過程中消失殆盡。

到了去年，根據報告有六百〇五隻海獺被阿拉斯加的原住民獵者捕殺，據稱這個數目尚不致於危及該物種的復原和擴張，雖然在卡其馬灣一地就有五〇隻慘遭毒手。令人扼腕的是，我們並不清楚究竟可以獵取多少方不致對其物種的延續造成危害。只知道人類一般的需求量是多少方不致造成浪費。

現在任何觀光客都可以信步走入荷馬博物館的禮品店，花五百美元買雙頂端飾有海獺毛皮的海豹皮靴。也可以雇船到外海觀看活生生的海獺，不過牠們也「只能遠觀而不可近褻」——只能看著牠們在蔚藍的遠方海面，像浮木一樣的忽上忽下。

載欣載奔

它在我腦海中反覆地出現，讓我不禁想起當年那首夏令營之歌

「我們是何方神聖？我們是何方神聖？
我們是……我們是哈瑞曼阿拉斯加探險隊」

我們到底是誰？我們可不是什麼探險隊，而是準備上路工作的五個人，以及帶著筆記本的我。五個人中賓已有多年的掌舵經驗，早在當初我倆一同捕鮭時，就已經負責照顧起船隻了。他擅於駕舟航海，在船上不會打瞌睡，另外也有生意頭腦，會誘使其他船隊把煙燻的鮭魚切片轉手賣給他，他再把這些置於船尾的甲板上。賓的夥伴丹和雷里則是年輕的以賽瑪利人，他倆從小便嚮往這種「看海的日子」，即使收入不多也甘之如飴，平時還不時配合著音樂的旋律高歌一曲。而梅利則是位來自夏威夷的女性，短小精悍、負責燒飯、清掃以及記錄，舉凡每條船所捕到的鮭魚數量和種類均由其登記。至於文森則不是我們的正式船員，而只是從罐頭工廠借調來的技術人員，此君也像我一樣是這次航行的「黃魚」，不過本事可不小，只要一駛進魚區，他

老兄便能在群船之間鎖定住那些可以賣得好價錢的魚種。

由於我是搭順風船，所以無啥特別的責任在身。在船登岸後，我會飛奔到朋友家裡，探望這些在遠離西方世界的異地裡居住和捕魚的好夥伴，之後我就飛返家中。此刻船員們正在裝貨，並把一輛車弄上船，而兩名船員也順勢一躍而上。這時我唯一的任務，就是遙想鮑洛斯當時會不會和其他船員一同興奮高歌。我覺得他頗為嚴肅，要當眾高歌可說是要他的命，因此大概是捲曲在臥鋪上，給自己所養的那隻畫眉鳥做首詩，或是寫信給他唸哈佛的愛子。

到了晚上，船長會命令司爐和水手上台表演以娛嘉賓，其中一人高歌，另一人則從艙蓋舞到酒吧。娛樂節目結束，那些從事科學研究的探險隊員們還會參加各種學科的講習。

鮑是個不苟言笑的老頭子，但有時仍不能免俗地與大家載歌載舞。我可以想像得到當時的情景：每當音樂響起，原本背負在衣服後的雙手就會抬了起來，長長的白鬍子也會隨著肢體的扭動而在胸前飛揚，而嘴角亦會擠出一抹羞怯的笑……我想這一切的一切，都會永遠封存於他的記憶深處。

一時瑜亮

早在他倆初次見面之前，就已久仰對方如雷貫耳的大名，而且還彼此心儀已久。

他們是在紐約初識，當時鮑洛斯是參加詩人惠特曼的一場追思會，而莫爾則打算前往歐洲一遊。他倆是這樣描述對方的：

莫爾：「此公曾上台發表過一場演說，也吃了頓大餐，不過卻頭疼得厲害，似乎疲累至極，顯現不出什麼大師級的氣質。」

鮑洛斯：「此君在西方世界甚受矚目，不過眉宇間卻缺少敏銳的洞察力。」

三年後他倆再度重逢，原來三年之前他倆就分別接到哈瑞曼的邀請函。當時鮑已結廬於哈德遜河畔的板邊（Slabsides），於是莫前往那兒拜望他。

鮑後來又這樣形容莫爾：「他有點囉唆，當開始滔滔不絕時你一定不能有要事在身，他是個詩人，也差點成了先知，有時目光如炬，看得很遠，不過卻是個坐不住的人，經常和我們一樣出現在林子裡、在叢山中，或是在冰河陣中。」

莫爾也在探險中做了一首有關鮑洛斯的詩：

「……他目光呆滯且四肢無力地癱在甲板的椅子上，一副空虛已極的樣子，但鼻子……」

莫爾抱怨探險隊的女性一直像蒼蠅一樣，成天圍繞在鮑旁邊揮之不去，不是讓他成了入幕之賓，就是以鮮花或歌聲奔向他懷抱。鮑在兒童和一些年輕的科學家面前是「約翰叔叔」，在莫爾面前則成了「強尼」。他倆要是在一起的話，就成了眾人口中的「兩個約翰」或是「兩個強尼」。

探險結束後的十年，鮑、莫兩人又連袂赴大峽谷和約瑟米提（Yosemite Valley）一遊。

當時莫爾曾對鮑說道：「我在這兒窮耗了整整十年，你老小子卻想在四天內遊遍每一處勝景，並經歷過每一件事！換句話說，閣下一來到這兒，就急著向帶著榮耀等待你的上帝說道：我得回板邊啦！」

而鮑也在記事簿上寫道：「看到莫爾的所作所為後，你會覺得他對待動物一定有極其溫柔體貼的一面，然而，卻喜歡以鞋底的馬刺踏過同夥的血肉前進。」

鮑在聞知莫死亡時曾嘆道：「他的個性與眾不同，與其說是位作家，倒不如說是位健談者，勇於私鬥，而且在這方面可謂大放異彩……我會非常非常懷念他的。」

六年後，鮑也溘然長逝。

這兩位並稱為當代最偉大自然作家的「冤家」，在任何方面都可謂對比強烈，有明顯的差異，比方說兩人分居東、西兩岸，個性上也是一靜一動，一剛一柔。據說在探險時莫一路都在欺負鮑，回去後也不時批評鮑遲鈍笨拙、安於現狀，並且不曾為保護山林（莫後期的人生目標）和其他環保議題略盡棉薄。而鮑也沒閒著，在正式的探險報告中給了對方一記回馬槍：「約翰・莫爾可謂一位冰河的權威，而且徹頭徹尾的是——徹頭徹尾到不允許其他團員在這方面發表任何意見。」

如今這兩位作家的大名仍長留於冰河灣的靄靄冰雪中。原來在哈瑞曼率隊前往阿拉斯加探險之前，莫爾就已經偕同印地安導遊「發現」了冰河灣，並逕自命名為莫爾冰河，二十年後他又偕同哈瑞曼舊地重遊。至於位於該冰河西側的，則是體積較小且知名度也較低的鮑洛斯冰河，它是鮑氏於一八九九年命名的。

在我旅遊時，伴同而行的並沒有舞文弄墨之輩，也沒有一個咬筆桿出身的，因此我只能側耳聆聽這兩位大師的傾吐，告訴我有關他們那個大時代的故事，有關於他們的所見所聞和所相信的。即使在一百年後，莫爾的聲音依然「宏亮」，他在宇宙中的每一項發現和有關現代環保主義的每一項論點，都見諸於文字，而讓我們得以輕易地親炙其文采。相較之下，鮑就顯得安靜多了，不過雖然傳諸於後世的作品不多，但在知名度上卻不遑多讓。

海市蜃樓

阿拉斯加沿岸無論就環境或風土人情而言，都和美國任何地方大異其趣，大家對這片魅力十足的美景無不興味盎然。

摘自威廉・布瑞渥（William H. Brewer）的《阿拉斯加之環境》（The Alaska Atmosphere）

阿拉斯加半島從柯克海口的遠方，緩緩在我們前面升起，而且不斷地爬升。從這距離遠觀，該半島不過是海平面上的一角，但海市蜃樓的景象卻把這片大地給輕輕托起，讓它不斷地變大再變大。夕陽西下時，就像是高聳入雲的斷崖峭壁，閃耀在一碧萬頃的海上。

不過這片海市蜃樓卻絲毫未見虛幻，目光所及盡是真實，光線經由大氣折射出去，離海面愈高愈見溫暖，但也益形稀薄。當盛夏屆臨，大地似乎隱身於微光乍現的海平面之下，海岸線也更加濃濁起來，至於半島上的小山丘在乍看之下，也儼然成為崇山峻嶺。

相信鮑洛斯也目睹到同樣一番景象，在他筆下小島似乎飄浮在空氣中，

岸岬的大小也倍增，一座被白雪所覆蓋的山巒突起於鄰近另一座由岩層所形成的山峰上，就好像是岩壁上聳立了一座巨大的希臘神廟。在鮑筆下，午後的海市蜃樓就像是魔術師變的戲法一樣，海天渾然化為一色。

我想我們都認為大地的輪廓是明確而清晰的，且是一成不變，不過當我再猛然一瞧，卻發現它竟高出一倍，活像大地張開了它的血盆大口，潑出更多火紅的新岩漿。

海市蜃樓也有優劣高下之分，前者能托起大地景觀，而後者則會讓海水變成暗色。當暖空氣接近到海面，並在冷空氣之下時，經過光線的折射就會產生「秋水共長天一色」的美景。不但會使在沙漠上口渴至極的人產生幻覺，也會讓人想起中世紀的妖精（亞瑟王之妹）傳說，以及西西里島和義大利半島在地中海冒出的相關傳說。如今我們已對海市蜃樓的現象更加了解，知道任何影像都會在這種環境下倍增。

我已在駕駛艙佇立良久，從窗戶向外瞧去，品味那兒的浮光幻影，以及驚濤拍岸的氣勢。這真有如太虛幻境，即使對海市蜃樓的成因了然於胸，其奇幻之處也絲毫未減。

在我們身後的海灣如今已離開了視線，那兒有個礁岩遍佈的小島，叫做六十呎岩島，

早在白人給它命名之前，這地方的土著艾沙巴斯坎人就已知道這地方，

並且也命了名，把它翻譯過來就是「波動的足底」。我經常研究這塊由岩石所堆成的固體，不知道為何會有這麼一個可愛但不相襯的名字，直到有一天我才開了竅，心想大概是早期土著駕著一頁扁舟途經這兒，從低處翹首仰望，在海市蜃樓的幻影中看到這島漸漸浮升起來，就像是巨人的腳底那麼高，而且在波濤掠影中飄動著，飄動著。

群雄並起

美國與西班牙的戰爭結束後，國會就在這年批准了「巴黎合約」，而美國也在此時成了一個新的國際強權，掌控著古巴和菲律賓。這一年在南非也發生了波爾戰爭，交戰雙方分別是捷足先至的波爾人（南非土著與荷蘭人的後裔），和發現金礦後蜂擁而至的英國人。另外印度在這一年也因為久旱不雨而使一百二十五萬人命喪黃泉，至於棉花象皮虫也在這年由墨西哥越過里約格蘭地（Rio Grande），開始大舉入侵全美國的棉花田。

科學家們也在這一年從煤礦的焦油中提煉出粉狀的阿斯匹靈，並且開始用X光治療癌症。至於在政治上也掀起了些波瀾，像是美國的副總統葛倫・郝巴（Garret Hobart），即是在此年病逝於任內。

當時是個富者愈富的年代，石油鉅子洛克斐勒把他旗下的許多煉油公司合併，成為紐澤西標準石油公司（Standard Oil of New Jersey），而鋼鐵大王卡內基（Andrew Carnegie）也蕭規曹隨，把自己所掌控的許多鋼鐵公司合併為卡內基鋼鐵公司（Carnegie Steel）。這年該股合併的風潮也吹到了國際，近三十家美國和加拿大的造紙業者，合併為國際紙業集團（International

Paper），而紐約的愛迪生照明公司（Edison Illuminating Company），也和美國天然氣公司，以及多家製銅業者所合資成立的美國精煉公司（American Smelting and Refining Company）來個大合併。至於位於哥倫比亞河口那七家由支奴干族印地安人所經營的鮭魚加工廠，也合併為哥倫比亞河包裝公司（Columbia River Packers Association）。

全美最風行之詩作《帶著鋤鎬的人》（The Man with Hoe）的作者加州教師艾德溫・馬克哈（Edwin Markham），也在這年為貧農走上街頭。另外在芝加哥，慣打前鋒的社工簡・艾丹（Jane Addams）也為全世界第一個少年法庭催生。

這一年同時也有些有趣的統計數字，比方說全美平均一萬人才擁有一部汽車，而在這些產品中，四成為蒸汽動力，三成八以電力為動力，剩下的二成二則用汽油。而由史坦利（F. E. Stanley）所駕駛的史坦利號（Stanley Steamer），也在這年攻上了新罕布什爾州華盛頓山的頂峰。

當時女子籃球比男籃還要盛行，不過卻都上不了檯面，而第三屆的馬拉松比賽也在這年舉行，冠軍是以二小時五十四分又三十八秒的佳績勝出。

這年所發明的東西也不勝枚舉，像是影印機、磁頭式錄音機、水底遙控攝影機、中心為液體的高爾夫球（渾名「跳躍的警棍」）以及自動加農炮等均是。

這年更出生不少搖筆桿的，像是懷特（E. B. White）、海明威（Ernest Hemingway）、那波考夫（Vladimir Nabokov）、哈特・柯蘭（Hart Crane）、喬吉鮑吉斯（Jorge Luis Borges）和伊麗莎白・鮑溫（Elizabe Bowen）等；另外在康乃迪格州紐哈芬（New Haven）郡的一位餐飲業者，也在這年發明了一種新式的三明治，大家管這種在兩片土司間夾了片肉的玩意兒叫做漢堡。這一年在文壇上也大放異彩，像是王爾德（Oscar Wilde）的《誠摯的重要》（The Importance of Being Earnest），吉卜林（Rudyard Kipling）的《白種男人的負擔》（The White man's Burden）等，至於凱特・蕭邦（Kate Chopin，非音樂家蕭邦）的《覺醒》（The Awakening）則不僅深受矚目，而且也因為描述女性性心理過於「猥褻」而飽受抨擊，而英語中也因此引進了一個意義相反的新字十七音詩（Haiku）。

一直擔任公職的氣象學家艾德華・尼爾森（Edward W. Nelson），是在一八七七年至一八八一年間長期駐紮在育空河（Yukon River）河口處，他在一八九九年出版了人種學上的研究鉅著《白令海峽的愛斯基摩人》（The Eskimo about Bering Strait），而為了阿拉斯加州皈依天主教的愛斯基摩人祈禱的方便，中雅皮克文版的宗教書籍也在這年印行，羅馬天主教的教義也因此而得以在這個化外之處發揚光大。

通俗自然作家威廉朗恩（William J. Long）也在這年出書，書名為《林中天地》（Ways of Wood Folk），朗恩在書中提出許多自己的「觀察心得」，比方說鳥會用羽毛和爛泥巴做的「石膏」來治療自己受傷的腳，豪豬會把自己捲曲成一個「球」，並滾下山去以逃避掠食者的毒手，而狐狸也會在雞窩下不住地兜圈子，直到群雞頭昏眼花就可以手到擒來。這些內容深受鮑洛斯的注意，三年後，對朗充滿敵意的鮑終於忍不住開罵了，怒斥對方為騙子，把極不嚴謹的觀察或天馬行空的幻想當成了科學事實。

紐約州州長羅斯福（Theodore Roosevelt）這天在芝加哥發表演說，講詞中提到：「我希望能諄諄教誨各位的，不是如何在庸碌和卑賤中苟全性命，而是發憤圖強之道，以昂首面對生命的挑戰。」而在此同時，韋布林（Thorstein Bunde Veblen）也在《有閒階級的理論》（The Theory of the Leisure Class）一書中提到「大量消費」這個概念。至於可口可樂公司，也在這年首次把擷取自可可樹上，且含有咖啡因成份的配方製瓶上市。

江山代有人才出，一代新人換舊人，愛靈頓「公爵」愛德華‧甘迺迪（Edward Kennedy "Duke" Ellington）在這年出生，約翰‧史特勞斯蒙主寵召。另外，這一年樂壇的盛事也不少，像西貝流士（Sibelius）就完成了E短調第一號交響曲也在此時問世。

在國會法案的催生下，擁有全美最大單峰冰河系統的雷那山國家公園（Mount Rainier National Park）即在這年創建，同年國會也通過全國第一個

污染控制法案，不但傾洩原油的罰金高達二千五百美元，而且也制訂出污水處理的相關法案。不過徒法不足以自行，許多法案都沒有嚴格實施，在這種情形下，最後一隻野生候鳥就在這年於威斯康辛州被獵殺。

全由黑人組成的美國陸軍第二十四步兵連，就在這年被派赴阿拉斯加執行維和任務，使前往採金的人得以安全無虞。懷特・厄普和約瑟芬（Wyatt and Josephine Earp）夫婦也在這年抵達諾姆（Nome）這個阿拉斯加極北之地，這兒共聚集了一萬二千名礦工和其他的淘金客，約占整個阿拉斯加人口的五分之一。而二名白人礦工也在一名阿特那（Ahtna）土著的指引下，挖掘出阿拉斯加的首批銅礦，並且在沿著考度瓦（Cordova）附近的銅河（Copper River）河岸圍籬設樁。

阿拉斯加州州長約翰・布雷迪（John Brady）也在這年向內政部長提出報告：「阿拉斯加是個必須辛苦工作才能混得一餐的地方，這兒有多刺的蘋果和龍蛇雜處的俱樂部，凡此都能讓我們皮肉綻開。無疑地，在這兒必須恪遵『多產、增殖、再重新補充大地』這個明訓。」

這一年，也剛好介於約翰・鮑洛斯出生之年（一八三七年），和蕾秋・卡森（Rachel Carson）的鉅著《寂靜的春天》（Silent Spring）問世那年（一九六二年）之間。

物換星移

柯克海口的西側是一條火山帶，角錐狀的山巔終年雪白，在夕陽的餘暉下顯得紋脈分明。再往北走約二倍遠的路程，就來到了伊利亞那島（Iliamna），接著就是奧古斯汀島（Augustine）。這三地都是那麼地桀驁不馴，黑色的火山灰經常波濤洶湧般地激射而出，同時也終年轟隆轟隆地響個不停。

伊利亞那島尤顯狂野，當喬治長老號途經這兒時，鮑洛斯對自己所目睹的這第一座活火山是這樣描述的：「這是個令人瞠目結舌的壯觀場面……靄靄白雪如斗篷似的覆蓋其上……但卻叫人打心窩裡感到溫暖。」而莫爾則描述道：「壯麗的伊利亞那島不時吐著濃煙，終年霧靄迷漫。」至於藝術大師佛瑞德芮克‧狄林鮑（Frederick Dellenbaugh）則是以細灰色的筆觸，勾勒出它的輪廓，從它的頂峰一直到潮線都被雪所覆蓋。不過到了六月末梢這幅畫就顯得不怎麼「寫實」了，因為在這個時節，山腳下和其他低地不但少見白雪，而且是一片蒼翠。但或許狄林鮑這種「海天一色」的手法能讓它更加可愛吧！

島上的低地有時綠樹成蔭，像現在就是如此，即使在最北邊也有由赤松所形成的雨林。喬治長老號回航時是在七月末經過這片水域，想必那回更為接近它的海岸線，因此船上的那些愛樹者得以發現，斯時林木俱已死亡。莫爾就這樣寫道：「在柯克海口的西側，都籠罩在一片死氣沉沉的原野中，有人說是死於伊利亞那島的火山灰之手，也有人說是山野大火所致。」

到底要聽誰的？

我站在持平的立場必須說，這些赤松既非死於火山灰的毒手，也不是死於野火下，火山灰落至地表時已不再發燙了，也不會讓樹木死亡，而且這兒的火山噴出方式並不像聖海倫火山（Mount Saint Helen）那樣，所噴出的高溫高熱足以摧毀一切。至於在這種海洋型氣候下，也不可能發生什麼森林大火。

如今柯克海口西側的大片原野已經消逝是個事實，不過凶手卻是赤松幹上的甲蟲。最近專家們發現，這種甲蟲會吃光赤松，而成熟（如今的砍樹者卻稱之為「過熟」）的野林則最易遭其毒手，不過「野火燒不盡，春風吹又生」，這些野林還是會再度成長、茁壯的。

竭澤而漁

石油經由柯迪亞島（Kodiak）湧出這片大陸的表面，多年前我們就已經知道這片油源的存在，不過享有我們關愛的眼神卻是最近兩年的事。有些西雅圖人看上了它，也派了些技術人員前往探勘，據稱這兒的石油在品質上優於其他各地所生產的。

摘自阿拉斯加州州長約翰布雷迪於一八九九年
所呈送至美國內政部長的報告

這位州長所言不虛，不過在一八九九年，石油的探勘活動並不熱衷，僅限於柯迪亞島北邊和卡其馬灣附近才有。當我們緩緩駛出該灣，並轉向南行至較低的柯克海口處，位於遠處海邊的石油灣（Oil Bay）即逐漸消逝在我們後方。那兒曾是阿拉斯加州的第一個石油開採地點，不過如今已是荒煙漫草。

一八九九年，那批西雅圖人已經在這兒圍籬打樁，組成阿拉斯加石油公司（Alaska Petroleum Company），而且也從事了些初步的工作，準備挖掘這些黑金。在這方面的歷史記載並不多，但據稱他們在這一年已打算把一些鑽探設備給運來，不過沒有成功。看來想必是時機不對，運到的時間不是太早就是太遲，以致於錯失了海面最平靜的夏季。不過在二十世紀初的幾年，他們到底還是挖了些油井，而且還成功地找到石油，最棒的那口井，每天還產五十桶呢！不過就整體而言，他們的運氣並不佳，所挖出的天然氣和水遠多於石油，最後他們終於在一九〇六年放棄。

在此同時，阿拉斯加的第一處油田則在距離柯克海口更遠的地方被發現，後來於五〇年代末開始生產，最初僅限於陸上作業，十年後，又擴及至海上。如今，這片海域上一共有十二座平台，用以開採石油和天然氣，而海面下的油管則長達二百三十英哩，用來汲取日益枯竭的石油。該產業每一年要在柯克海口附近的海域，傾倒數百萬磅的有毒污染物，這些東西順著海飄流到較低的海口，並像沖抽水馬桶似的給沖進阿拉斯加灣（Gulf of Alaska）。

我霎時跌回二十多年前的回憶裡，當時石油公司代表和政客雲集於該區，發揮其想像力以草擬出新的租約，打算一舉引進油田開發所需要的一切東西，因而遭到群眾的抗議。在聽証會上，漁民把帝王蟹放到那批官僚的面前，聲淚俱下地指出油與魚無法二者兼得，而包括我在內的當地住民也不斷

綠色奇蹟
——阿拉斯加的浩劫與重生

為自己的主張辯解，說明為什麼我們這批人會在那兒舉白布條，和為什麼開採石油會對這個富饒但艱困的環境造成莫大的風險。最後那批聯邦官員做出判決，批准了租約，並聲稱這是為了全美國人的最佳利益著想。

後來業者付出了可觀的代價，開鑿出一系列的油井，所流失的不僅是黑金，也包括我們賴以生存的環境。

後來我們大家所驚懼的事終於發生了，但這個夢魘卻遠超過我們的想像。油管把從普魯荷灣（Prudhoe Bay）油田所汲取到的油，越過阿拉斯加中部再裝到停泊在海上的油輪上，不過當時有艘油輪船長喝得酩酊大醉，因而把船撞上離此約三百英哩遠的一處暗礁。結果強風與海潮日復一日地把所洩的原油又擴至西方與南方，結果才幾個禮拜，有毒的原油就一路襲至柯克海口，並往上擴及西方沿岸，往下沖刷至柯迪亞島，最後沿著阿拉斯加半島一直擴散出去，所有漁源豐富的水域以及古樸原始的海灘，都慘遭荼毒。

如今聯邦政府又針對這片水域，提出一套新的租約，在政府內部的環評報告中，估計再次發生重大漏油事件的機率為百分之二十七至七十二，所以，這區域依然像以前那樣脆弱而易受傷害。

我凝視著西方的海岸線，它的僻靜、崎嶇和野性均歷歷在目。我想我們的船以柴油為動力，喬治長老號則是靠煤，這兩者都是骯髒且終將消耗殆盡的燃料。而如今所舉行的公開聽証會也今非昔比了，只見石油公司的員工頭

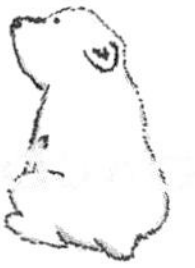

戴公司的帽子，足蹬牛仔靴，手舉著牌子，然後坐著卡車，像大軍壓境似的到達會場。他們似乎一直在對我們耳提面命著：能在這棟建築裡開聽証會應該是我們的造化，而且我們的學校、我們的老人安養中心等，哪一個不是拿賺自石油的錢來蓋的？因此我們應心存感激，感到欣欣然才是。這些人喜愛他們的工作，以及穩定又豐厚的薪水，而且他們說自己也喜歡在海口處抓魚，可說是對污染一點也不憂心，畢竟他們目睹過更糟的情況。

我們彎向南行，正如喬治長老號駛離卡其馬灣後下行至海口處，不過那艘蒸汽船上的乘客，對於佇候在石油灣周遭、準備大撈一票的石油業者卻並不了解，他們當然會對其他資源的開發產生興趣，也會大力支持並充滿熱望的，畢竟這是美國人的另一個財富來源，就像當年那位雅庫塔灣的雜貨店老闆打開他家報紙，裡面滿是黃澄澄的「灰塵」時那樣讓人欽羨，還有更早在朱諾（Juneau）所發現金礦和石英，不都意味著一個全新的財富來源？鮑洛斯對這些污染情況並不關心，後來他的文章也出現過如下的內容：「地球上的石油會在一千多年後消耗殆盡，這是筆財富，不過人類終究會找出它的替代物，像是風、潮汐和日光等等。」

寄情山水

鮑洛斯並非全無怨尤，他終其一生都牢騷滿腹，而在探險隊的那段日子更是有不平之鳴。大家都知道此君常常有意無意地找鳥類專家的渣。他覺得那些人的科學觀點雖尚稱嚴謹，但卻冷酷無情，而且對蒐集各種鳥類表現得十分狂熱，相較之下，對觀察牠們的自然生態就顯得興趣缺缺。

探險初期，有一次他們在倫吉爾（Wrangell）小歇，當其他鳥類學家和科學家們攜槍入林搜尋獵物時，他卻就近深入觀察這個破舊的古鎮，以及附近的圖騰。這位信心十足的「書記官」在後來做了如下不加任何評論的記錄：「我們的蒐集者帶回來一隻史特拉種的樫鳥、一隻紅褐色的畫眉、一隻奧勒岡種的磧𪂹鳥、一隻灰色的狐雀、一隻鷦鳥、一隻連同卵與巢被一併取回的山雀，以及一隻哈瑞斯種的啄木鳥。」

畢竟在科學上而言這是個貪得無厭的時代，美國歷史博物館，或其他博物館、大學等學術機構，都有張永遠也填不飽的肚子，不會嫌東嫌西，而且是多多益善，絕不會嫌東西太多或是太無足輕重，就連尋常百姓家的賞鳥者把一張鳥皮給拿來，他們也是來者不拒。造成這現象的原因很多，比方說觀

賞用的望眼鏡即十分原始，不論多近的距離都難以清楚分辨出鳥的種類，也因此目視法無法成為有效的辨識方式。在這種情形下，無論是科學家還是賞鳥者，都要定期蒐集真正的鳥類和牠們的巢穴或蛋，以供作研究之用。

當時全美最孚眾望的鳥類學家艾略特・柯伊斯（Elliot Coues）博士，就建議大家「傾全力」蒐集各種鳥類：「凡是數量多分佈廣的鳥類都不要放過，即使五十種或一百種也不嫌多。」他認為蒐集品中應以鳥皮為首要，它不僅具金錢上的價值，在科學上亦具有其用處，也難怪全世界都有一般人和鳥類學家們做這種生意。對於這麼做是否會使鳥源枯竭，他老兄可是毫不擔心，也從不在意牠們是否會滅絕：「除了極少數的例外……各種鳥類在數量上都足以供應全世界的每一個蒐集者，無論是公家單位或私人收藏者，都能滿足他們所需。」甚至他還在其指導手冊上註明，如果嫌自己蒐集得太多，而必須減輕負荷的話，就應該「根據其大小決定丟棄與否……扔掉那些體型較碩大的鳥類，因為牠們所佔的活動空間極大，往往一隻大的就搶去了五十到一百隻較小鳥類的活動空間。比方說如果你有大型的禿鷹或鵜鶘，那就優先扔啦！」

鮑洛斯本人在年輕時也曾攜槍旅遊，有任何鳥類接近都絕不放過。此外，他也曾經蒐集過許許多多的鳥皮，並拿它們來裝飾老婆的房間。後來他曾說：「我覺得一個真正熱愛大自然的人是會縱情於屠戮，而且不會輕彈眼淚的。當然，殺了牠們後就不能再把玩了。」

我們知道一個事實，鮑最後所看到那隻候鴿，就是被他本人射殺的。

梅竹大賽

多年來我一直有個疑問，那就是位於阿拉斯加中海岸威廉王子灣的峽灣學院（College Fjord），為何會取這個名字？以及四周一系列的冰山為何會以東部著名學府之名命名呢？

當我們遠離冰山而途經較低的柯克海口時，我埋首於鮑氏的著作中，不久終於找到了答案。當喬治長老號進入這片海灣，差點撞到一個二百英呎高、四英哩寬的冰山，鮑在著作中提到：「我們將它命名為哥倫比亞冰山。」，過了幾天，該船再度深入海灣，也再度看到最遠處的冰山，於是喬治長老號又一次掀起命名的熱潮。

我腦海中不禁浮現這麼一副景象：喬治長老號「把冰山玩弄於股掌之上」。這些冰河正如鮑氏所形容的，是從群山上傾洩而下，並呈現出層層紋理和藍色的皺摺。這些冰山在艷陽下發出刺眼的光芒，甲板上的全體人員只能遮著眼斜視這些白雪、冰塊和飄浮的冰山。不僅有視覺上的震撼，耳中也不時聽到冰山爆裂所發出的如雷般巨響，而且在回音中這些冰山不斷地破碎，有時大如屋舍的冰塊也會隨之滾落。這時四周是刺骨的冰冷，感到寒意逼人的鮑想必亦瑟縮地緊緊抱住自己的大衣。

那夥人屈指一算，才赫然發現自己竟一次目睹到五座不同的冰山，而且尚不包括身前和身後更多的冰山。其中一個上了年紀的人顯然覺得有必要給它們命名，於是他們就這樣做了。在峽灣末端兩座最大的冰山，就因此而變成了哈佛冰山和耶魯冰山（他們才不管以前它們就已被命名為「雙冰山」了），緊貼於哈佛冰山的，想必就是雷克里夫冰山（Radcliffe）。而從這兒往西算起，則分別為史密斯（Smith）冰山，至於東側最大的那座就叫做艾赫斯特（Amherst）冰山。

那次探險還發生過哪些「所有權」的宣示呢？這點我倒不清楚，哈瑞曼所邀請的賓客均係來自各個有頭有臉的機構，像是耶魯、哈佛或艾赫斯特等知名學府。這些人在蒐集到阿拉斯加的各物種後，就紛紛以母校或所屬機構如博物館等之名為它們命名，後來這股風潮又延燒到所發現的山水或大自然景觀了。但在這方面他們也有「東西差異」，換言之，沒有一樣東西是以西海岸的著名學府或機構來命名的，如加州大學柏克萊分校，西雅圖華盛頓大學和南達科他實驗站（South Dakota Experiment Station）等，顯然那些探險隊員沒有一位是出身於西岸的這些機構。鮑洛斯本人倒沒有這種「母校情結」，事實上打從一開始他就覺得自己是「孤兒」，與那些學者和他們淵博的學識比較起來，顯得有些格格不入。他曾在寫給某朋友的一封信中，提到這

些動物學家和植物學家們大部份時間都是以拉丁語交談，而那些地理學家們的言談間，也充斥著自己學術領域內的專有名詞。鮑在信中這樣寫道：「我始終無言以對，以免暴露自己的無知。」但接下去他又寫道：「不過這些專家們卻分不清花的花瓣和雄蕊，或是山的層化情形。」

我很想請教那些探險隊員，那些不同名字的冰山在外觀上有任何差異嗎？命完名後能讓它們變得更好辨認嗎？你們當中有任何人會因為這些「所有權的標籤」，而變得格外了解那些冰山嗎？

這股命名潮並未就此打住，同一天該船又往西行至另一個河口處，以及另一個名喚巴瑞（Barry）的冰山。只見哈瑞曼命令船長緩緩將船接近那座冰山，這回大夥兒看清楚了，確定它和陸地間有道狹窄的通道，這時忽聞哈瑞曼說道：「我們又發現了一個新的通道，就把它命名為『西北走廊』吧！」不但如此，哈也打算通過它以「宣示主權」，略顯猶豫的船長什麼話都沒說，但顯然極不願意冒險通過這個海圖上並不存在的地方，而哈瑞曼則執意要這麼做，並表示若過於謹慎小心的話，那什麼地方都別想去了。當然，如果船撞上了冰山或岩礁，那責任就要由他自己來扛了。

只見船長緩緩向前滑行，我可以想像當時甲板上一定是一片死寂，大家都望著這星球上的最後一個神秘角落，心中一片心馳蕩漾，也有些忘我，恍惚中彷彿又回到剛上船打算出發探險的那一刻，對未來的「冒進之舉」感到既期待又怕受傷害。就像鮑氏所言，過去從未有船經過那條通道。對這種「十九世紀的驕傲」，我會忍耐下去，因為我知道向現實環境低頭，而不敢往未知領域冒險的話，對他們而言簡直是種侮辱，哪怕那片未知領域是天涯海角、會天崩地裂，或是有怪獸出沒，他們都會勇敢以赴的。目前我不也是前往海圖未標示的未知領域，追憶過去那最後一次的奢華之旅？

根據一位動物學家的說法，那邊的冰山看起來就像是「北極熊身上那張撐開來的熊皮」一樣。被強風吹離群山那組就命名為「蜿蜒的蛇」（Serpentine），至於旁邊那組則叫做「樓梯」（Stairway），以記錄因岩塊滾落而形成的梯形外觀。

峽灣頭那十幾英哩長的大冰山，想必就是被命名為哈瑞曼冰山的那座，而這片水域當然也就順理成章地叫做哈瑞曼峽灣了。

就我所知，此一命名風潮在這時才總算打住了，這是種自我陶醉的虛幻情結，但也代表這些名校出身的人敢於向未知挑戰和冒險，這兩者是阿拉斯加這片好山好水的「附加產物」，而且還會像冰山那樣永遠地存在下去。

雪泥鴻爪

白雪靄靄的峰頂、冰山、沿著海岸線的暗礁、波濤洶湧的大海、浪花、雲、霧、山嵐……鮑洛斯極目所望盡為一片白色世界，從冰河灣、威廉王子灣以迄於白令海，這些景象都一再出現，在它們的「圍攻」下最後都讓鮑感到麻木了。他只有瑟縮在那件借自他人，且尺寸稍大的大衣裡，盡管戴的帽子倒尚稱暖和而舒適，但仍不住地抱怨天氣的酷寒。據他形容，一片冰山的海灣裡就彷彿是「冷凍櫃」，連空氣都凝結成冰，而日照則似乎只有讓寒氣更加地凜冽而已。

到處是一片蒼白，彷彿進入了一座恐怖的鬼域，《白鯨記》的作者梅爾維爾就曾提到，白色並不像其他顏色那樣明顯，甚至並不算是一種顏色，不過它卻是最具象的。至於這兒的白色世界則不但沒有予人潔白清純之感，反而會讓人精神緊張，而像白鯨之類的動物白變種，不但予人驚世駭俗之感，似乎也代表牠們遭到唾棄。

當然一片白色的風景也像是鬼魅或幻影一般。

這兒的上上下下，前前後後，裡裡外外，全是一片白，雖然萬物皆白，但又好像一切俱已消失而變得空無一物。

鮑洛斯和其他探險隊員注意到，雪線上的松雞即使在六月仍是一身白，不過到了海拔較低的地區，松雞的羽毛就會覆以棕色，與巢窩附近的大地同一色系。有些鳥類的雙翅具保護色，如此一來其行蹤就不易被發現，而我們也可以偷取巢中的卵，並放入偽裝的孵蛋器。

至於白令海諸島上的貓頭鷹，則棲息於苔原上，偶有殘雪飄來，乍看之下就像是以柳條編織而成，並間飾以粉紅色與黃色的絨氈一樣。

在雪地裡出沒的頰白鳥也可在這兒瞧見，探險隊上的鳥類學家們，管這種在岩間罅隙處築巢的鳥類叫做「極北雪片」。這種鳥頗為「樸實無華」，也像剛綻放的百合花那樣「耿直不阿」，是「雪中幽靈」，也像「王公貴族所穿的雪貂」，凡此都在在說明牠是純白的鳥類。

另外白鷗也出沒於整個海岸，尤其是棲息在北方，被人稱為「點丘」（Point Barrow）的品種，更是一身雪白，海上活動的牠們與陸上的頰白鳥在潔白程度上可謂無分軒輊。

另外像是雪鵝、雪雁、雪鶴和貓頭鷹等，亦無一不白。

其實不限於天上飛的，像是在地上跑的北極狐、北極熊，在海上游的白鯨和在柯克海口以及白令海出沒的大鱘魚等，都是渾身雪白。以北極熊而言，那身膚色就是缺乏任何色素所致，不但透明，而且有「空洞」的感覺，

皮毛端可以吸收紫外線，並經由排氣孔傳導至可以吸熱的黑色皮膚那兒。據說北極熊的鼻子極黑，與周遭一片雪白的世界呈強烈對比，使得我們可以在好幾英哩遠的地方就瞧見牠們，若用望遠鏡，則更遠在七英哩外即可看見。據說牠在出獵時會用爪掩其鼻，以藏住會輕易洩露其行蹤的那塊黑色肉團，不過這一切都只是傳說罷了。

海上干城

喬治長老號上的設備一應俱全，有各種樂器，有晚課和娛樂活動，有新鮮的牛奶和精緻的瓷器，使得他們雖處於窮山惡水中，仍享有高度的文明和方便性。

而我們的M&M號亦有其文化，在這方面我們也不落人後。

聖誕燈飾沿著駕駛室的前方一路繫起，把船點綴得像個五彩繽紛的蛋糕，而旁邊則有個大甕，只要我們有機會上岸並找到野花的話，就可以把它們扔到甕裡做成佳釀。肯說漁夫曾告訴過他，凡是質地柔軟，以及母鹿所嗜食的花，把它摘下來就沒錯。此外我們還有帶著香氣的酵母、製麵包機、微波爐、可在微波爐中加熱的一袋袋爆米花，以及一串串綠色的香蕉。

駕駛座前的面板就像是噴射客機上的儀表板，有各種開關，量器和儀表，這些都是電子儀器，上面還放了一架望遠鏡，而牆上則有排黑色的標語，上面寫著「一次只能開啟一個導航泵」，旁邊就是一排廣播頻道表和它們的代碼。另外還有幾個茶杯座、一罐鎮痛劑，以及一副給雙手肌肉做運動用的彈簧把手。角落裡還放了幾本書，有《Chapman's Piloting》，《The Book

of Best Loved Poems》，旁邊還有片滾石合唱團（Rolling Stone）的老卡帶，以及一個用可樂罐做的克難燈泡。

當M&M號在造船廠剛打造好時，就留了張照片做紀念，只見它通體都是耀眼的白色和藍色。當時還打算做為捕蟹船之用，不過卻因為時節太晚而作罷。旁邊還有幾幀船主偕同家人在夏威夷的合照，以及旗下其他一些拖網漁船上的合影。照片旁則是幾幅畫，作者是船主的幼兒，而畫的則是這些拖網漁船和M&M號。在這些充滿卡通手法的畫中有著蔚藍的波濤，和以圓形畫法（除頭部和四肢的尖端外，一律以粗直線畫出的畫法）畫出的人物，不過船的本體卻意外地畫得既精確又詳細，不但比例上近乎完美，而且繩索也畫得維妙維肖，甚至水面下的景物也一一呈現，像是船的龍骨、支柱、錨和拉錨的鐵索等，另外還有鮭魚群悠遊於其間。

旁邊則有張黃色的黏紙，上面有句名言：只有真正的庸才方能始終呈顛峰狀態。

格言的旁邊則是四幅連載漫畫，內容是這樣的：

一個叫哈加的女巫對另一個叫赫加的女巫說道：「我的徒子徒孫們吵著要升遷，所以我必須做出最後的安排。」赫加忙問：「那你要怎麼安排？」哈加回答：「叫他們捲舖蓋滾蛋，然後再找些新的手下。」

到了廚房就可見到每扇門、櫃子和抽屜上，都掛了許多鉤子和線，另外還有些壺座。

在床的上方則掛了排槍，有來福槍一支，以及銀色、紫色和藍色的啦啦隊用的信號槍各一。

下樓越過一道走廊，就可看到一隻張開血盆大口的鯊魚，從雙唇一直扯裂至鰓，十分嚇人。牠有兩排森森利齒，而背鰭則像一片厚重的皮革，沿著側邊排成一直線。

到了引擎室則必須戴上耳塞，以抵消掉那震耳欲聾的機器聲，而船艙內的海水冷凍系統則可永保魚類的新鮮。

晚上有三個夥伴在廚房自得其樂地觀賞著伍迪・艾倫（Woody Allen）的名片《百老匯上空子彈》（Bullet over Broadway），至於另外二個年輕水手，則在欣賞另一部片名叫什麼「血」的錄影帶。

這種感覺對我來說十分完整而充實，這世界就在水面上的這堆鋼鐵中飄浮著，並靜靜地跨越了空間。我們都是它的子民，我們這六個人腰間繫刀，渾身充滿熱情，而這一葉扁舟也有著充滿傳奇故事的一生，並載著我們一路前航。忽聞那些人傳來一陣笑聲，我側頭由舵手室的窗戶向內看出，發現座位後方的橘色救生衣為數尚多，足夠我們逃離之用。

心悸時刻

根據傳記作家派瑞・魏斯布魯克（Perry Westbrook）的記載，鮑洛斯七、八歲時有一次曾在自家附近的樹林裡和鶇鳥有過一面之緣，雖然只是驚鴻一瞥，但這隻喉間黑色的藍鶇鳥卻讓他「震顫不已」。

為什麼會這麼大驚小怪？哪些人會認為這種事頗不尋常？然而我也認為這種事非比尋常，喉間為黑色的藍鶇鳥體型袖珍，翅膀上有白色的斑點，一般來說並不是那種華麗而顯眼的鳥類，可是，誰又需要華麗而顯眼的外觀呢？

我年幼時經常在街底那片「空曠」的田野裡玩，有時是和其他孩子一同嬉戲，但通常是自己玩自己的。那兒就是我的王國，裡面有花岡岩砌成的地窖，颼颼作響的松林，以及單獨一株刻有古代象形文字的山毛櫸樹，對我而言，這就是完完整整的一個世界。在暴風來臨時，我會爬到樹上，望著在走道上穿梭的兔子，同時手裡還握著蚱蜢，直到牠們噴出「毒汁」才肯放手。另外我也蓋了座露天的堡壘，周圍舖上稻草，這樣我就可以閒適地躺在上面觀賞朵朵白雲。

綠色奇蹟
——阿拉斯加的浩劫與重生

我知道自己經常為了在這王國裡所發現的事物而內心激盪不已。有一天天氣特別晴朗，我正在田野裡仰望藍天之際，忽然瞥見一個渾身藍色的東西從草叢中激射而出，然後在電光石火間穿過牛乳草並消失在樹林中，雖然一閃而逝，但卻是別具美感的一刻。待我回過神來搜尋樹林、田野和萬里晴空之際，卻再也找不到牠的蹤跡了。

我一路飛奔返家，然後屏氣凝神地把剛才那一幕告訴了老媽。當時我才是個七、八歲大的孩子，有些語焉不詳，只說自己看到了隻藍鳥，但表情卻似乎特別興奮、激動。於是母親和我一起翻閱一本田野指南，才發現那是叫靛青鳥。……靛青鳥，我過去從未聽過它，雖然「靛青鳥」這名字很美，但讓我心悸的卻不是這三個字本身，而是將自己所見之物冠上名字的那種滿足感，而且足以看出牠的存在是証據確鑿。我所目睹的不僅僅是一種鳥，也是無法指名道姓且無以名狀的其他東西——對啦！是美麗又帶有神秘，同時也是世間的一項「公道」。

若干年後等我拜讀到詹姆士・喬西（James Joyce）和赫曼・希斯（Hermann Hesse）的作品時，終於學到「顯像」這個字眼和它的概念，也回想起我的靛青鳥來。同時終於明白是有特定詞彙可以用來形容那令人心悸的時刻。

在七、八歲時還發生過另外一件事，那天我一早就在一株結有漿果，而

且是群鳥聚集的樹下躺著，我認為那是株桑椹樹，而鳥則是連雀，但有意思的是那株桑椹長得不高，枝芽彎垂到我旁邊，像是把我圍繞在一個隱密的小室內，而一時間被我遺忘在一旁的連雀，則有著一身紅色和黃色的羽毛，只見牠們在我上面的枝芽間叭噠叭噠地展翅跳躍著，胖胖的嘴霹啪霹啪地一開一合著，和煦的微風輕拂著牠們胸前的羽毛，同時我也瞧見牠們眸子裡的那抹神采。只見我們一同採摘並狼吞虎嚥地據地大嚼那些多汁的漿果，人鳥之間此時已沒有什麼不同，我深深了解小孩子在心靈澄澈下，所產生的那股激盪。

大凡孩子們都會體驗到這一刻，比方說藏匿於草叢中或是攀枝爬籬時都可能有此經歷，而長大成人後就不會再玩這種捉迷藏或爬樹的遊戲，因此也永遠別指望他們會有這種「驚豔」，那種震懾感就只有往他處尋求了。

我不得不由衷愛上這位在六二高齡猶登上阿拉斯加探險的老者，為了一睹鳥類芳蹤及一聆其甜美的聲音，他甘願花兩個小時佇立在赤松下的苔蘚地上，然後再為自己所發現的畫眉譜下一首充滿感傷與喟嘆的長詩《夏日的知更鳥》（Our robin in a holiday suit）

噢！多姿多采的畫眉，噢！奇特的知更鳥
瞧！這無言的驚異

綠色奇蹟
——阿拉斯加的浩劫與重生

你的身影和展翅高飛的技巧雖早已熟悉
但並不包括這套新的假面具

彩虹乍現

耳中傳來一陣輕聲細語，我猛然張眼一瞧，在柴油引擎的吱吱聲和海水的翻騰聲中，我回過神來。躺在床角的賓正作勢要起床，並頷首和我打招呼。

我迅速穿好衣服，並穿過柱廊來到舵手室，在那兒發現整個天空都是一片蒼白，只有港口那側出現了一道完整的彩虹。深色的色調像條寬寬的彩帶，色彩簡直比畫還要純淨。

我立刻光著腳躍過窗子，來到毫無遮蔽的晴空下，雙手抱胸佇立在欄杆旁，那道完美的弧形曲線像是從海上的兩道出水口所冒出來的那樣，支撐在天際，在它上面環繞著另一道不怎麼明亮的弧線，就像帳篷上的篷蓋，中間畫過水面，並靜靜躺在巴倫群島（Barren Islands）上。雖然時值正午，豔陽高掛，但它耀眼的輻射線卻仍像一把火從西北邊的水平線上照射在群島，一株樹都看不到的峭壁卻一片綠意盎然，比愛爾蘭的任何地方還像愛爾蘭。

我想我們的船大概是要航向這道彩虹的西側。沒錯！我所目睹到的一切是那麼地真實，固如石柱般的它就在那兒落至海上。想必它不是遙不可及，

綠色奇蹟
——阿拉斯加的浩劫與重生

也並非高不可攀，連任何有理性的人都會想尾隨而上，滿手抓住那耀眼的色彩，並讓全身沐浴在這片金黃和莊嚴的紫色中。雖然我對此種物理現象了然於胸，也明白這種追逐無可避免地會以失望收場，但仍不改其志。

我想起了現居於華盛頓州的馬卡族（Makah）印地安人們，他們認為彩虹的兩端各長有一爪，用以攫住疏忽輕率或過於狂熱的人。或許這是他們歷史所帶給我們的一個教訓：追逐彩虹的人終將迷失。我想像那爪子就宛如巨蟹的鉗子，剛剛才把彩虹安置在海上，如今卻又倉皇逃逸，讓它變得那麼遙不可及。

至於鮑洛斯筆下的彩虹又是如何呢？——是「自然界最可愛、最美好的事物之一，但卻毫無用處，也毫無存在的目的。」

我覺得這是個讓人好奇的概念，他把自然界和其奇異現象給分為有用的和沒用的兩種。對莊稼漢而言，雨水是有用的，種子、蚯蚓也是有用的，甚至岩石也因日後會變成土壤而歸為此類。另外，漿果的紅色外觀也是有用的，因為鳥類可以看到紅色，因而可以以它為食，並且在互蒙其利的狀況下把漿果的種子攜至他處繁殖。鮑厭惡土撥鼠是眾所皆知的，然而我卻相信他一定知道這類動物對生命鏈的貢獻，另外，也確信他一定知道樹倒林腐其實是好事一樁。事實上我認為生在那時代的鮑，一定比一般普羅大眾更加了解所有生物互相依存的道理，只是或許沒有比莫爾更深入和透徹而已——莫爾

對生態學的了解非鮑所能企及，不過卻少發表這方面的高見。

百無一用的彩虹！就像水面的漣漪，天上變幻莫測的雲彩，或是風聲雨聲那樣毫無作用，但要是沒有了它們，誰又能活得下去？

西出陽關

我們正向南駛入夏立柯夫海峽，可是感覺上卻像是沿著阿拉斯加半島西行。走得愈遠也愈覺得開闊，就像是經過一陣子天崩地裂後，裂口愈開愈大一樣。

我有點同情鮑那種欲拒還迎的心理，其實他是不想走這麼一趟的，當初他橫跨大半個國家兼程北往，並在阿拉斯加一路西行，最後越過國際換日線，是多麼地長路漫漫呀。甚至在搭乘哈瑞曼的火車離開紐約時，還途經哈德遜河畔的住處，他覺得自己曾看到妻子倚門而立，對他揮舞著手上的圍巾，他真怕自己犯下了一個致命的錯誤，很想掉頭回家，只不過讓他牽腸掛肚的，倒不是那位從未向她傾吐自己對大自然和文學的熱愛，但卻同床共枕的糟糠，而是他的葡萄園，他所熟悉的一草一木和鳥類，以及都叫得出名字的山川，甚至連不起眼的岩塊碎石都讓他思念不已。

我很想同情他，但卻始終產生不了那種共鳴，或是那種感同身受的心理，因為我從未經歷這樣的問題。我是在新罕布什爾州長大的，在那段歲月裡我經常面向西方遙思，也很想回到兒時家園，再做一名快樂的小女孩，在

一望無際的林地和大草原上盡情奔馳。我對「老鄉」（同住於東部的新英格蘭區）梭羅的那句話頗為動容，他是這樣說的：在西部，一個人的靈魂還有足夠的擴展空間，而不致於「腐朽於一角」。後來上了大學，曾在第一年的冬天偕同室友駕車由麻州直奔柯羅拉多州的群山峻嶺，並曾在聖路易市跨過密西西比河，連旭日東升的太陽都被我們甩在後面。不過在面對昂首挺立的洛磯山時，卻是一片懍然，它們陡峭的山勢，稜角分明的尖銳外型，無不讓人敬畏。總之，西部那種無際無涯、蠻荒一片，陽光透過白楊樹灑在大地，以及人不論來自那兒都被風沙弄得灰頭土臉的種種景象，都讓我魂縈夢繫。西部……西部……我終於又在阿拉斯加登陸了，而且不久即將途經自己的家，那種澎湃的激情想必和鮑洛斯路經哈德遜河畔時一般無二吧！

我知道世居西部的鄉下人正在逃離某些事物，而在此同時又展開了人生另一個新的方向，這種被普遍接受且堪稱明智的做法到了阿拉斯加州，也是隨處可見，從早期的淘金者、移民，以迄於當下在路邊隨地落腳的流浪漢，無不竭盡所能地想要利用阿拉斯加，以便給自己帶來成功、快樂或愛情。但是，這片大地仍不改其本色，所能提供給我們的還要更多更多，絕不至於被貪婪的人類搜刮一空，以創造自己財富的那些資源。

鮑洛斯承認他和阿拉斯加「不對盤」，對它的無際無涯、厚實巨大、難以駕馭以及野性難馴等有些格格不入。阿拉斯加雖然也是一片未見人工鑿痕的大自然，但卻不是他所熟稔的家鄉景色，他只有倒臥在家鄉那片「大自然母親」的膝上，才會感到怡然自得。

小小世界

這就是在阿拉斯加的鮑洛斯，從不為自己做任何的辯解。

他敬畏於麻雀黑色緣飾間那道閃閃發光的皇冠。

他的熱情洋溢在盛開於雪地邊緣之苔蘚帶，和豔如妖精的粉紅色剪秋羅花上。

他載欣載奔地在激流岸邊的洞裡發現一個小小的山雀窩，屈指一算共有六個深棕色的山雀蛋，並且心滿意足記錄下來，而旁邊的小楊柳正好為牠們遮風避雨。

他也滿懷喜悅地看著一身火紅的大黃蜂一口口啜飲著羽扇豆花的甜蜜汁液。

當他漫步於西卡的海邊時，陪伴著他的是鶇鳥悅耳的鳴聲，與周遭激揚的海水聲相映成趣。他的文章中對此著墨甚多，甚至多過對城鎮、印地安部落、博物館、俄國教堂和周遭暖春景色的描述。

他無法調整自己的目光，只因為他不是出身於高山或大海的人，也非來自滿是斑紋的藍色冰河或是糾結紛亂的原野。他捨棄了這一切，把這一切和

綠色奇蹟
——阿拉斯加的浩劫與重生

阿拉斯的孤傲卓絕都留給了另一位「約翰」，讓對方的生花妙筆去記述這些。鮑一心所懸念的是自己家鄉的田野、農莊、所砍伐的林木、陪同一起走過兒時歲月的食米鳥，以及對花栗鼠習性的幻想。

有一回我聽到自然學者威爾森（E. O. Wilson）在接受訪問時，說他是因為視力不佳才會成為昆虫學家的。由於他無法看清楚遠距離的事物，所以只得把注意力放在視力所及的周遭事物上，而在放大鏡下，愈近的東西觀察得亦愈透徹。他對於昆虫的認知無人能及，可是卻從未駐足欣賞一下牠們的甲殼和觸角，或是螞蟻下蛋的情形。然而另一方面此君除了對昆虫有所了解外，對這大千世界的微妙、反彈力，以及所有事物在這其中的糾葛關聯處，也都了然於胸。

而這也是鮑洛斯能力所及之處，就我所知他的視力好得沒話說，可是眼光卻略嫌短淺，經過多年養成訓練，目光亦僅止於自己所熟悉的若干細節處。他對好友惠特曼的這首詩，想必會心有戚戚吧！

……小草的一片葉子不過是星辰的旅遊之作
螞蟻和一粒砂以及鷦鷯的蛋，都是同樣的完美……
奇蹟下，一隻老鼠都足以讓億萬人瞠目結舌……

任何人都會敬畏於大自然的揮霍和放肆，但卻無法在細微的事物上發現相同的美妙處——尤其在諸多巍峨壯麗處之間的渺小地方，更可以找出所謂的稀世奇珍。

北國尋幽

我想柯迪亞贏得了每個人的芳心，我們的精神一定觸及這兒的最高點。那些日子有如史詩，有如抒情詩，對我而言，無論之前或之後，都再也沒有那些日子來得絕妙和令人戰慄了。

摘自鮑洛斯的《遠征紀事》（Narrative of the Expedition）

我們竟夜駕著雪橇，一路踉踉蹌蹌地過了夏立柯夫海峽。到了早上，灰濛濛的天際似乎比遠方兩側的灰色海岸線還要來得低，我們剛剛通過了阿拉斯加半島的庫卡（Kukak）灣。哈瑞曼探險隊曾在這兒上了岸，採集了幾天的植物，而後來我們在柯迪亞島邊所緩緩接近的優雅灣（Uyak Bay），則是他們下一個停泊站，目的是登岸獵熊去。他們一行人在植物的採集上可謂十分成功，可是獵熊卻鎩羽而歸，不過鮑洛斯在報告上仍宣稱他們一路走來頗為「怡然自得」，而且還看到了一個「壯觀而出色」的瀑布。

根據俄國人的說法，柯迪亞在當地土語中就是「島嶼」的意思。今天在屬於美國的諸島中，只有夏威夷堪稱大島，至於柯迪亞島除了不大外，也絕

稱不上圓，它伸展開來就像是用油灰沿著狹長的海灣和峽灣，一路填塞到各個半島、鉤狀岬和寬緩彎曲的海岸線上，並且穿過比麵包屑還來得小，甚至只稱得上為岩塊的小島。島上的土地陰冷，北美針葉林到這兒就看不到了，只有西卡赤松能延伸到北端，在碧草如茵的大地前顯得十分隱密。

柯迪亞鎮面向著寬闊的阿拉斯加灣，從我們所通過的地方迤邐至整個小島。鮑洛斯曾沈緬於這兒的溫暖太陽，以及光彩奪目的田園風光，一直到過於陰暗的原野和寒意逼人的冰河為止。

「我會繼續喋喋不休地談到這片綠野！」他曾寫下這句話，而後來也的確是如此。所以他文章中一而再、再而三地著墨於蒼翠的山嶺、綠意盎然的魅力、順暢的街景、甜美的鄉村、充滿鳥語花香的溪谷、有著一排排老僧入定狀的牛隻、和滿是漫草荒徑的山谷、雲海如波濤般不斷翻騰，且翠綠如翡翠的崇山峻嶺，以及往三個方向看都是青蔥一片，且似無盡頭的那種寂寥感。

我彷彿看到他排除萬難地圍繞著山谷打轉，並越過有著悅耳鐘聲和藍色屋頂的俄國教堂，來到雜貨舖買些蛋，然後來到海邊的一個小村落，在那兒遇上一位拿著鮮蛋兜售的高大俄國女人，她園內的紅醋栗叢中滿是鮮花，馬鈴薯樹足有一英呎這麼高，而孩子們則趁著豔陽高掛之際跑到門邊嬉戲，陪伴著他們的是各式各樣的畫眉和歌聲嘹亮的鶺鴒，只見腳下的土地是硬實厚重的，而群牛間也瀰漫著一股翠綠溫暖的清香。我想鮑洛斯一定折斷了一葉小草，邊咀嚼邊循著另一個誘人的足跡前行，不久就在鳥聲啾啾的小灣邊遇到拎著成串鱒魚的男孩子們。

他說他可以在這種地方生活下去，可以永遠重複著這種絕妙動人的日子，看來我們這位流連於柯迪亞的老兄，的確是愛上了這片混合著野性和養馴，以及充滿田園風光的世外桃源。

我從駕駛艙凝視著這座小島，只見海天一色，到處都是灰濛濛的，而島上的灰色崇山則又多了一份陰暗和霧氣。

鮑是位觀察入微的自然學家，可是在柯迪亞卻忘了驚嘆自己所仰慕的這片綠色大地究竟是何以致之，以及滿是鱒魚的這些小溪流是怎麼來的。他曾詢問過有關氣溫方面的事，也很高興自己所學到的，但是很顯然在身處於天堂的那幾天，他卻忘了詢問有關下雨方面的事。

登高望遠

這片荒原有被草皮覆蓋的嶺丘，有茫茫一片的羽扇豆、野花和玫瑰，也有被山泉沖刷而東倒西歪的石南花。在時間緩緩的推移下，孤懸於金黃色天際的它可以讓人有若吃了忘憂樹般，在黃粱一夢下遮蔽了人世間的一切苦痛。

摘自查爾斯・基勒（Charles A. Keeler，哈瑞斯探險隊隊員）於柯迪亞所寫的《七月四日頌》（Fourth of July Ode）

鮑洛斯在柯迪亞時，曾爬上該鎮後方的那座山，從喬治長老號上看出去，它就像一片平坦的牧草地，但我們的人到那兒時卻發現全不是那麼回事，他老兄必須涉過高聳陡峭的草地，撥開羊齒葉，再強行擠入如迷宮般糾結紛亂的赤楊，才能「殺出一條血路」。這一趟下來，他滿手都是藍色和紫色的鮮花，有羽扇豆、野生天竺葵、風信子、花蔥、鳶尾花，以及綻放在堪察加半島上的杜鵑。在接近頂峰附近，他又摘到幾片脆弱嬌柔的勿忘我，

綠色奇蹟
——阿拉斯加的浩劫與重生

「滿手握著彷彿是從天際摘來的玩意兒！」他這樣對我說道。除了這些外，他也發現到有著栗色斑紋的淡黃色鳳仙花。我可以想像得到，握有滿手美麗，集萬般絢爛於一身的他一定是得意洋洋。

我想這又和目光的大小有關，或許鮑洛斯的視野不夠恢宏——他所讀的和所寫的都讓自己顯得目光短淺，比方說成篇累牘地談到鳥語、花香，可是對登高望遠卻不置一詞。我想這一定是他目光都集中在周遭所致，像是腳下的村落，或許他會在那兒把花瓣拋向空中，再目睹它們飄盪到教堂的花園裡。再者他隨便一轉身，觸目所及的盡是丘陵、群山和山谷，這些除了一身綠之外再也沒有其他的顏色，而且只有隨著距離的逐漸遙遠而漸次模糊起來。至於海岸線則被切割成尖銳的稜角和圓形的海灣，而海天交接處的水平線也給這世界勾勒出輪廓來。

一年前我也同樣站在柱山（Pillar Mountain）之巔，不過當時並非在盛夏，而是在三月末，四周都是灰色的凍原和小石子，當時我是戒慎戒懼地前行，生怕踩到滿是積雪的坑坑洞洞。猶記得那天天氣晴朗，視野十分開闊，在朋友的指引下，我看到了一些地標，如赤松島（Spruce Island）、土撥鼠灣（Marmot Bay）、中灣（Bay of Middle）、卡辛灣（Bay of Kalsin），以及伍迪長島（Woody & Long Island）。

我們並非徒步登上柱山，而是和行色匆匆的現代人一樣，駕著車沿路攻

頂。那條路的盡頭則是處報廢的高塔，裡面堆滿了老式的碟形雷達和天線。

以前每年所舉辦的高爾夫球賽就是以那座山為比賽地點，而日期則恰好是我們攻頂的那一天，該比賽始於山麓，而終於山巔的一個球洞。至於與山谷接壤的比賽路徑則有測量員的記號，並用膠帶將之綁在赤楊與發育不全的赤松上，一旁堆滿雪的小徑則遭到無數足跡的踐踏。

我在街道上、屋頂、碼頭以及橋上俯視著，目光由遠處轉到附近的近島（Near Island）。我的「視力」還不錯，認出了展示原住民文化的新博物館，以及展示俄國古器物的那棟老式建築。後者建於二百年前，原為俄美聯合公司（Russian-America Company）所屬的倉庫，他們曾肆無忌憚地獵取海獺皮。我想鮑洛斯也一定在這兒的氣象儀附近，辨識出正在展翅高歌的北美麻雀。另外在船上則有藍色的雀鳥，在鋁製甲板閃閃發光的反射下，我認出了這些小得難以辨識的鳥類。接著，我也看見漁民們在甲板上修補著拖曳網，和玻璃纖維製成的船體，並更換他們的電子儀器。越過這條船，則可看見一隊白色的船靜靜地躺在那兒，這些外表分不出彼此的船隊屬於宗教團體慕尼（Moonies）所有，每年夏天他們都會找上百位來自韓國的船釣好手。以前鎮上還有幾處店面，比方說我曾光顧過的洗車店Buggy Bagya，以及一家名為Cactus flat的天然食品店，前者的名字係來自於傳統的俄式蒸汽浴，而後者則不提供任何甜點。我知道當地賽魚俱樂部（Fish and Game Office）一如港口的那些人，到現在還想用繩子勒住海獅的頸子以捕捉牠們。

雖然視野拉遠了後，不難看出這整個小鎮不過是大地的一個小點，在海天形成的帷幕中，它不過猶如鉛筆尖，但是人類在這兒所從事的商業活動，卻對整個大地和生態帶來極為深遠的影響。在我眼中，這島的大部份都是野棕熊這種野生動物的庇護所，數量上高達二千五百隻，而鎮上男女則三不五時地外出狩獵或從事其他活動，這等於是蹂躪了這片保護地。

我和朋友佇立於柱山上時，她告訴我有一次在夏末時節，在山腰某坡處遇到一個男的正在尋找一種極為罕見的蘭花，原來他聽說這種花是長在這兒的，我朋友立刻告訴他，此處不聞花香久矣。可是她不明白，為什麼對這種植物甚為關切的人卻不知道此事。

我凝視著這片又硬又冷的大地，有三個月的時間它會鋪上由花海所形成的地毯，這些被鮑洛斯譽為燦爛奪目的花種包括野天竺葵、碩大的紫色杜鵑，以及長在苔原帶的地衣。不過我多麼期盼天藍色的勿忘我、纖纖弱質的黃色鳳仙花仍能出現在這兒，給那個男的帶來一夏的驚豔。

虎落平陽

沒有熊，根本沒有熊嘛！老天！連一隻都沒有，你的僕人們是幹什麼吃的？

摘自莫爾的日記

打從創世紀以來熊就一直存在著，當哈瑞曼的醫生囑咐他休個長假鬆弛一下時，他第一個念頭就是來趟狩獵之旅，尤其是想宰掉一隻大棕熊當作戰利品，而阿拉斯加則是這種最大的熊之生長地，他的目的地於焉確立。

哈瑞曼阿拉斯加探險隊沿著狹長的海岸線一路尋覓著大熊的芳蹤，偶而會被驚鴻一瞥的足跡所戲弄，但卻從沒查探到一隻貨真價實的巨獸。他們找遍了每一個地方，像是威廉王子灣、柯克海口，和阿拉斯加半島等，可是卻毫無所獲。而根據各路好手一路上的觀察和報告顯示，柯迪亞可能是棕熊的最後出沒地點，也是整個阿拉斯加及全世界棕熊的家園，哈瑞曼乃毅然決然地開拔到這兒。

在鮑洛斯遍採野花，以及探訪那兒的俄國老婦之際，狩獵隊也在當地嚮導的率領下，駕舟登上海灘，並徒步往內陸出發。最後在一個灑滿陽光的山側發現了一隻棕熊，並由這位鐵路業鉅子射下了牠。由他和死屍的合照可以看出，那熊的腦袋抵住了苔原，由於是側面照，所以只能看到一邊亞麻色的肩膀，和一隻瘦瘦的前肢，而嘴則是開的，不難看出裡面的淡色牙床、一只白色犬齒和舌尖部份，乍看上去就像一堆泡在唾液裡的蓬亂草皮。第二天，也就是七月四日那天，當熊皮被小船載往喬治長老號時，舉船歡騰，大夥兒慶祝了一整天，還有鳴炮、划船比賽，以及吟誦愛國詩詞等。鮑對這些絕筆不提，不過我認為在全船大肆慶祝之際，此舉只是虛矯的身段罷了。

當初在這戰利品拉上喬治長老號時，所有的人都蜂擁到欄杆邊爭相目睹，而好奇心一如其他人的鮑，則首先望了望小船上的人，裡面有他那位鳥類藝術家的朋友，以及那位剝皮師傅。他們的帽子顯然擋不住烈日的灼身，而且都是一副精疲力竭的樣子，不過，笑意卻全寫在臉上。這些人是在凌辰三點離開的，這樣才能在國慶假日結束前把熊帶回來，讓國慶、家慶一同進行，以圓他們的夢想。在美國這個國家，任何人都可能累積財富，求得功名，或是成就自己所設定的任何目標，不過如果沒有這隻熊，還有足夠的証據証明這趟旅程嗎？

鮑洛斯也看到了小舟下面所載回的東西，有成捆的獸皮、邋裡邋遢的熊腦袋，和熊爪上的肉墊，這些都是從那隻真實且完整的巨獸身上所剝下來

的。而鮑只花了幾秒鐘的時間就想到，其他的部份一定給扔到山腳下了，想想看堆得像小山一樣高的血肉屍塊，在太陽照射下不是腐爛生蛆，就是被鳥類所爭食，或是被狐狸據案大嚼，最後化為白骨一堆。

「好事成雙」，有了第一隻就會有第二隻，第二隻槍下冤魂是隻幼熊，年齡比哈瑞曼最小的孩子還要來得年幼。一旦母熊被殺，不斷悲鳴的幼熊除了引頸就戮外還能如何？可是這隻可憐的小東西又能帶給人類什麼？即使取其皮也嫌太小，而且又沾滿了血，再加唇邊聚滿了蒼蠅……可是小船還是載回了這隻溫熱且腐味令人掩鼻的死屍。

我可以描繪出更多的細節部份，比方說這些戰利品高懸於甲板之上，大家圍著那些伸展開來的獸皮不斷地吹噓，競相撫摸著索具上的毛皮，並抬起沈重的腳，檢查上面如利刃般的的爪子。而婦女們也把幼熊當成是活生生的寵物，不住唧唧咕咕地在旁品頭論足，至於孩童也好奇地摸著那些森森利齒，並抽搐似地猛然縮回他們的小手，另外還有位老兄講了個口腔衛生方面的笑話，以博君一笑。

「這真是又大又貨真價實的純種柯迪亞熊！」莫瑞姆這樣宣稱。沒錯，這是貨真價實的，血統也很純正，而且也比早先所獵殺的西卡鹿還要來得碩大無朋，可是那隻母的卻較一般棕熊來得小些，比其他任何真正的戰利品更袖珍。其實這隻毫不起眼的母熊相當年輕，毛皮也是「縫縫補補」的，瑕疵不少。哈瑞曼口口聲聲說要來趟偉大的獵熊之旅，還說這是他終其一生的夢想，這些話言猶在耳，但那隻不足道哉的熊卻讓這一切顯得諷刺的很。

冷眼旁觀的鮑洛斯自然可以看見這一幕，另外他也看到莫爾離開了大夥，一個人跑去山谷裡和一位老者交談，他倆都談到自己是多麼地喜歡探索崇山峻嶺。後來，他也瞧出自己不能再對這一切繼續裝聾作啞了，於是替哈瑞曼的幸運記上了一筆，且內容足足有一整段：那熊首次被偵測到時，還像牛一樣地啃食著青草，而且牠「碩大無朋」——縱然比一般的柯迪亞種棕熊還小一號。

從此以後狩獵隊就經常外出找尋這些獵物，不過隨著這次旅程逐漸接近尾聲，他們仍一無所獲，後來鮑洛斯又加了幾筆：「日子最單調乏味的，莫過於無法前往阿拉斯加，或是任何其他國家振臂高呼『快！咱們屠熊去！』，然後下手宰了牠。不過除了少數幸運者外，其他人鮮少能有此際遇。」

極地狐蹤

魏斯朋真有眼光！

他早已看到阿拉斯加的未來，知道世居於此的北極狐將來會有什麼下場，也知道這兒的人會因為牠們流行於全世界的毛皮而繁榮富庶起來。他是在哈瑞曼探險隊回程途經威廉王子灣時才加入該隊的，至此他的目的總算達成了。後來他也帶著探險隊員們去柯迪亞附近的長島（Long Island），參觀他公司所屬的養狐場，並指導他們找尋農牧方面的商機，以及合法的致富之道，內容精采得連那位鐵路大亨也為之動容。

陪同參觀的鮑洛斯也耳聞不少這方面的事：

當時阿拉斯加的海獺和海豹經過濫捕後，早已為世人所遺忘，而全世界的熊皮也在銳減之中。因此魏斯朋認為大好時機已至，既可拯救上述動物於滅絕，同時又可補充日益短缺的毛皮。

現實情況真是完美無缺，阿拉斯加有數以百計個島嶼，依照魏斯朋所言是「既空閒在那兒沒人住」，而且又「一無是處」，因此剛好可以在那兒養狐狸，這樣就平白擁有了新的事業。而農場人員只消視需要餵食即可，以後即可坐收其毛皮，至於牠們的食物，則幾乎是免費的：只是鮭魚和海豹肉，再混入少許的玉蜀黍粉即可。在某些小島上除了酷寒的冬季外，其他季節甚至連餵食也免了，因為大量的鳥類足可做為其佳餚。

其毛皮的價格不菲，平均每片約二十美元。

再加上牠們繁殖又快速。

看來想必可以發大財。

自從魏斯朋在十五年前踏入這行開始，一共有三十座島變成了這種農場或是牧場，當初由一座島，一間農場逐步往外拓展的他，如今已擁有了這家名為西米地養殖公司（Semidi Propagating Company）的企業。

同時阿拉斯加的原住民也會因這一新興行業而受惠，因為他們所能獵捕的野熊和鮭魚日漸稀少，而在這家公司卻可以找到絕佳的受雇機會。

一旦以農場繁殖狐狸的作法臻至完美，馴養的對象就可以擴至其他的熊類，以免有絕種之虞。

接下去，這些農場人員還可以跨足美國北部各州，在那兒蓋起圍著圍籬的小型農場，其收穫要遠比其他畜牧業還要來得豐富。魏斯朋認為這一天一定會來到。

把這一切都聽到耳中的鮑洛斯不擬照單全收，而打算過濾出真實而可行的部份。因此，他對自己周遭的場景做了番研究：那座小島有樹林，也有碧

草如茵的空地，飼養人員的屋舍就蓋在海邊，屋舍和其他建築物的周圍都是草地和較高的雜草，而雜草才剛剛綻放出花來。魏斯朋指出，這島上一共有一千隻狐狸，但野生的似乎要比飼養的來得多，因此牠們不時在樹林子裡和田野間穿梭跳躍著，而訪客們所能看到的，也只是面帶腮鬚，躲在穀倉的一角和我們對望的那幾隻。

魏斯朋指出毛皮的收成季節是在十一月至來年一月份，這時他們就會設陷阱捕捉牠們，他認為若以繁殖這個目的而言，狐狸可謂最佳的物種，而且只要剪下其尾部的毛皮即可大功告成，因此每年都可「豐收」，一如穀物或是鮑在自家後院所栽種的葡萄。另外，魏斯朋也把這些狐狸稱之為「狐爵」（Sir Reynard）。

鮑曾單獨離開了一會兒，並悄悄挨進樹林邊，在那兒可以聽到林子裡「狐」聲鼎沸。他覺得自己的目光這時掃到了一些暗影，或許就是狐狸的尾巴端。在他家鄉的狐狸都是鬼鬼祟祟的，即使雪地裡都頗難看到牠們那姣好的足跡，更遑論其身影了。身處長島的這一刻，他想像自己就住在這個島上蒔花養狐，閒暇時就有「一整本大自然的新書」供他探索。看來這兒的田莊生活似乎還真恬適而安逸，而且環境也不錯。

但是此時一行人正準備動身離去，當然他也必須盡快地和他們會合。

一行人在海邊駐足了片刻，因為他們在那兒發現了一些又長又高的棚架，上面掛滿了肉已扯裂的鮭魚，一旦牠們曬成魚乾，就可以拿去餵狐狸，以度過整個寒冬。只見原本鮮紅的鮭魚已呈鐵銹色，且帶有股刺鼻的腐爛味道，而無尾鵲也似乎全都來了，從棚架和樹上向下俯衝，貪婪地撕裂並爭食其肉。牠們振翅高翔的模樣十分可愛，雙翼和尾巴的羽毛可以像東方的折扇一樣展開來，肩頭和翼端的白毛閃閃發亮，嘴巴並「呀！呀！呀！」地叫囂道。

後來魏斯朋又再一次地談到毛皮市場，和狐毛絕佳的品質，最後並再次提及其潛力是無可限量的。

鮑洛斯專心注視著其中一隻無尾鵲，並決定一試自己究竟可以挨到多近的地點觀察。只見他先是讓自己放鬆，然後不疾不徐地接近牠，動作不敢太大，也不敢過於莽撞，而跨足於柱子上的對方也一無所懼地與他彼此對望，然後又啄食起更多的魚肉。就這樣，鮑愈走愈近，而那隻鳥除了據案大嚼外，也只是一個勁地注視著他，牠那墨如黑玉的眸子簡直就是顆珍珠，深邃中閃閃發亮著。不旋踵間牠又回到柱子上，背部在陽光下呈現藍色的光澤，並不住閃爍著。乍看上去是那麼地光滑細緻，是那麼地「酷」，就像一只由上好天鵝絨所編織出的斗篷。鮑繼續向牠走去，然後就直挺挺地站在那兒不動，似乎要在牠那深黑的眸子和深藍色的光澤間捕捉到什麼，直到大夥兒前去參觀剝皮過程後許久，猶不忍離去。

PART 2

Seward半島
阿拉斯
Nome
Nulato
育空河
拉比
Norton Sound
Unalakleet
育空河
Mountain Village
Chevak
赫利庫羅斯
Kuskokwim山脈
Kuskokwim河
Lime Village
Bethel
Napaskiak
Eek
Kilbuck山脈
Taylor山脈
Newhalen
Togiak
Dillingham
Iliamna湖
Nakmek
Katomai國家公園
Bristol 灣
阿拉斯加半島
Kodiak島
300km

浪裏白條

我在船首佇立著，身體前傾，雙手握緊了欄杆。我們正以十節的速度破浪前行，引擎聲聽起來就像是有什麼東西把紙張給壓扁一樣。在我下方是一片湛藍的大海，還不時看見海豚忽左忽右地現身，牠們追逐著前槳所激起的浪花，不時激射而出，並彼此超越，然後再度落在浪花之後。其背鰭畫過海面，發出嘶嘶的聲音，身體兩側的白色斑點閃閃發亮。

這就像是在玩衝浪一樣，而且只是在海面之下進行。毫無疑問地，這些動物是在與船嬉戲，和彼此嬉戲著，我們就這樣一路前行。

牠們是戴爾（Dall）海豚，眾所周知這些速度最快的海中哺乳動物最喜歡現身於船首的前槳處，循著船痕馭浪而行。牠們黑白相間的斑紋十分顯眼，背部邊緣與尾部就像是搭配得宜的裝飾品一樣，和那些「亮片」頗有相得益彰之效。這些動物亦立下「幫規」，盡量少引起人類的注意，而且，牠們不像其他海豚那樣不時地躍出海面，被活捉後也無法倖存。沒有人知道牠們數量究竟有多少，其出沒地區則是自白令海以迄於加州北部海岸，牠們喜歡陪伴著船隻前行，擁有一嘴森森利齒，以烏賊、軟體動物和魚類為食。

威廉戴爾參加哈瑞曼探險隊遠征時，是他第十四次踏上阿拉斯加。頭一次是在一八六五年，當時他率領一支探險隊前往該地研究跨洲舖設電報線的可能性，後來著有《阿拉斯加與其資源》(Alaska and Its Resources)一書。一八九九年他參加哈瑞曼探險隊時，曾被尊稱為「少校」，或許此一頭銜即出於該書，當然，該書也提到一些他所發現的新物種。

戴爾種海豚、戴爾種山羊、戴爾種笠貝，以及其他的一些物種的名字，都是用來紀念這第一位在科學上確認牠們身份的人。

在哈瑞曼探險隊裡，戴爾是名講師，授課內容無所不包，舉凡如何發現阿拉斯加、如何探索它，以及它的資源如何等等。他直言無諱地談到俄國人對當地的劫掠和剝削，也臧否三十年來美國佔領該地的行徑，他認為只能用無政府狀態、輕忽和不聞不問這些字眼可以形容。後來他曾「上奏」給哈瑞曼道：「一八九七年後的阿拉斯加史雖然已經問世，然而美國人在拜讀之餘，鮮少不義憤填膺的。」

小鯨魚這時也跑來湊熱鬧，不時來回穿梭於船首邊，只見銀色的身軀疾如閃電，一次可以同時看到兩隻，或是五六隻，甚至高達八隻。由牠們「步伐」的節奏來看似乎行進間毫不吃力，並一再地與船槳貼身擦過。所謂「貼身」可一點也不為過，有時與前槳只有數英吋之距，甚至只差一吋便會被捲進前槳而化為齏粉，或是彼此衝撞到，可是，牠們卻從未曾這樣過，可稱得

上是速度與精準度兼備的藝術家。

就在我自認為已對牠們的這些習性有所了解之際，忽然瞥見五隻戴爾海豚像魚雷一樣，從前槳一側的海底深處冒出，然而就在貼近水面之前的那一瞬間，彼此間卻像炸彈開花似的分散開來，黑白勻稱的身軀彎成弓形，整個隊形看起來像朵花，也像是煙火，或是九天之上的噴射轟炸機，甚或是群動作協調一致，且舞姿曼妙的水上芭蕾表演者。只見牠們衝出水面時激起朵朵浪花，打個轉後又潛入水裡，並回到前槳邊再一次地馭浪而行。

困獸之鬥

我們看到許多鯨魚在噴水，絢爛的背部如波光掠影般浮現於水面上，並像巨大舵輪的外緣那樣緩緩扭動其身軀。

摘自鮑洛斯的《遠征紀事》（Narrative of the Expedition）

鮑氏上述所言是正確無誤的，躍出水面的鯨魚會不住扭動自己，並像一道弧光似的畫破水面，所以，你一定認為這傢伙是圓形的。

我們是在夏立柯夫海峽碰到首批巨鯨，牠們現身於右舷之外，但由於距離尚遠，所以只能看見牠們在噴水。這些想必是灰鯨，喜歡沿著其移棲地的海岸邊前進，從加州巴荷（Baja）以迄於白令海和丘克其海（Chukchi Seas），均為其棲息地，而牠們所噴出的水柱，則較座頭鯨來得短且分散，在呼吸都會湧出大量蒸汽，懸於不住顛簸的海上，稍後即順著風勢緩緩漂浮過來，像是在風中起了一團霧。一團才剛剛消散，另一團即在瞬間湧至，接著兩股霧氣又合流，雖沒有固定的形狀，但變化間自有其節奏。

我又憶起了兒時在新英格蘭區，耳濡目染於船歌中的無數甜蜜時光，每

當看到牠們在「吞雲吐霧」，即興奮地大叫：「瞧，牠在噴水哩！」當時對牠們所掀起的狂風般聲音，以及所傳達的激昂之情曾為之瘋狂。兒時深印在自己腦海中的，即是這股激昂之情，以及百寶箱，和裝有木製義肢的海盜。當時常常閉上眼睛，幻想著自己置身於這團霧氣之中，此外還假裝凝視著遠方，想瞧出周遭的景象如何，後來到了成年，讀到了些相關書籍，才了解鯨魚噴水的實際情況。對我而言，這就宛若啟示錄一般，揭露了長久以來留在心中的這團迷霧。

捕鯨的美國佬管牠們叫做魔鬼，灰鯨遠比其他鯨魚還懂得保護自己的孩子，據說船如果開到牠們和幼鯨之間，這些灰鯨就會展開攻擊，但即使這樣，這些「步履」蹣跚的鯨魚仍絕非捕鯨人及其魚叉的對手。因此大西洋的灰鯨至今已銳減為一千七百頭，而太平洋的灰鯨在人類的窮追濫捕下，預計到了下個世紀會瀕臨滅絕。

我試著想像哈瑞曼探險隊裡的那些女性，拖曳著長裙仰望著船在冰山陣裡穿梭的景象，也很想知道她們的束腹和襯裙下擺的鋼圈是用什麼做的，還有她們的傘柄呢？這些世紀以來，全世界再也找不到另外一樣東西，會像鯨鬚那樣柔軟和彈性十足，只有當這些取自於鯨魚角質假牙床的東西日益稀少，以及愈來愈貴時，商人們才會被迫發明出替代品（塑膠）。

在哈瑞曼前去阿拉斯加探險的那個時代，全世界留存下來的灰鯨就已經不多了，最後貪婪飢渴的捕鯨人只好集中在北極追捕那兒的北極鯨。至於鮑洛斯在阿拉斯加東南部所看到的應該是座頭鯨，而船上其他人在威廉王子灣所目睹到的應該是殺人鯨，只是探險隊在到達西北方的馬車港（Port Clarence）之前，所看到都只是三三兩兩落單的鯨魚，還沒見過牠們一整群游過的盛大場面。他們也在那兒看到少數一些漁船不死心地等著浮冰群裂開，好讓他們到達北極鯨所游經的海域，牠們這最後一處庇護所是十年前被人發現的。

我屏氣凝神地搜索著海面，期待鯨魚再度發出那爆炸聲般的訊號，我緩緩地呼吸著，大氣也不敢喘一下。我們只是一葉扁舟，孤獨地飄盪在不斷翻騰的藍色大海中，我們只是附近整個複雜的生物鏈之一，另外尚有許多棲息在這兒的生物，只是牠們大都隱匿於水中罷了，包括大如船艦的鯨魚，小得幾乎看不見的單細胞矽藻，還有螃蟹幼虫、碩大得很難讓漁夫失手的大比目魚、一來就是一大群且遮天蔽地的鱈魚、氣喘吁吁一路往家飛奔的鮭魚、以及海星、海萵苣、海獅、海鷗、烏賊等。我們都是萍水相逢的過客，無論是否彼此認識，都是互相依存的，同時也都是海洋之家裡健康的成員。海鴨潛入海中即為了追逐浮游生物、水獺依賴大海草為食，而新游來的鮭魚則以游向外海的鮭魚苗為食，就像鮭魚苗因下完卵而老死的鮭魚媽媽才得以存在一樣，大夥兒彼此間不都是唇齒相依嗎？

我們的船正駛往漁場，就和老式的捕鯨船駛向鯨魚出沒地一樣，所差的只是我們知道鯨和其他魚類的分別，以及彼此共存共榮的必要性。此刻這兒除了我們以外，尚有背部停靠著海雁的鯨魚，正一無所懼地游向牠們的海洋牧場，在這單調無聊的季節裡，牠們正將海豹驅趕至一處，然後分而食之。

悲情國度

噢！我們是英紐特人（Innuit）
心滿意足於北方的家園
在愛斯基摩人的船首畫破峭壁邊緣之際
白浪激起雪花般的泡沫
快活似神仙的英紐特人
酷寒而灰濛濛的北極海
鯨魚衝破海面，北極光一片矇矓
雪白的北極狐亦隱然可見

摘自威廉戴爾的《英紐特頌》（The Song of the Innuit）

馬車港是喬治長老號最深入北方的停泊處，當日曾泊靠著十來艘捕鯨船，另外也有二百多位愛斯基摩人沿著海邊安營紮寨，和船上的人做買賣，後來又和探險隊的人談起生意來。那些愛斯基摩人駕著海象皮做成的船，船上擠滿了小孩和狗，不斷地對著喬治長老號大吼大叫，就像是參加嘉年華會

的狂歡者一樣，並不斷揮舞著手上的陶器。當時四美元即可換張馴鹿皮，一對海象的牙只要三美元，而一雙海豹皮靴則僅兩美元，它的鞋底還加上一層薄的海象皮呢！至於一個象牙雕刻亦僅一美元。

鮑洛斯特別觀察到那兒的女性都很開朗，笑意也清楚地寫在臉上，另外鮑也注意到一些年輕的女性們「在毛皮頭巾和毛皮斗篷的烘托下，顯得特別楚楚動人」。雖然他還在觀察新發現的鳥類，不過卻把注意力放在一個女性身上，只見她準備用皮外衣把小寶寶給綁在背上，經過一陣子的彎腰曲背和扭動腰肢，最後總算把小寶寶給面朝肩膀地綁牢了。在他眼中，小寶寶在衣物下不住地扭動，就像是雞吞了一大口食物後，東西由咽喉一路往下滑去那樣。

探險隊裡有些人上了岸，前往愛斯基摩人的營帳探訪，這些帳篷沿著河岸搭建，綿延約一英哩。但是，吾友鮑洛斯可沒湊這熱鬧，而是陪著喬治長老號前往溪流出口的水域，這次遊覽讓他有數小時的時間探索那兒沼澤遍佈的苔原，他很興奮，因為在那兒發現了許多花瓣為粉紅色的馬齒莧、美國櫻草、虎耳草，以及正在採著花蜜，且體態略顯臃腫的蜜蜂。他這一現身不但驚動了那兒的大草原種麻雀，連鳥聲啾啾的金黃色千鳥也被他追得團團轉。在他筆下，這些響徹於苔原上的鳥聲顯得是那麼地迷人柔美以及如泣如訴。此外，他也看見一隻畫眉翱翔於天際，這是幅他過去所從未見過的景象，因為苔原帶上沒有樹木可供牠棲息。

距半島僅五十英哩之遙的諾姆（Nome）當時正趕搭開採黃金的熱潮，也讓探險隊第一次領略到那兒的發展情形。當喬治長老號泊靠在那兒時，登船參觀的人絡繹於途，除了礦工和捕鯨人外，連當地土著也把船給擠得水泄不通。

鮑的夥伴喬治・柏德・葛林尼爾就厭煩地提到，探險隊員以銀幣向土著們購買土產品，可是轉眼間這些土著又把到手的銀幣給了上船參觀的捕鯨人，以換取廉價的威士忌。後來他用筆勾勒出愛斯基摩人的黯淡未來：「文明與野蠻之間有不可避免的衝突，雙方不管在什麼地方接觸，弱勢的一方都勢必遭到毀滅。」

如果鮑洛斯把一部份注意力由翱翔的畫眉轉到這些膚色不同的人身上，轉移到他們頂端飾有象牙的魚叉上面，轉移到他們草編的籃簍上，轉移到他們曬乾的魚獲上，那不知……。

我希望他能前往自己所不曾去過的愛斯基摩人帳篷處，捕捉到那兒的每一處細節和每一個簡單的動作。如果他偕同葛林尼爾去到那兒，就會在帳篷後的樹枝上，發現愛斯摩人所雕刻的圖形，這些圖形僅以黑白兩色呈現，其中一幅似乎是隻熊，另一幅是隻鳥，而第三幅則是些同心圓。這時，他或許會比手畫腳地問站在第三幅圖畫邊的那名愛斯摩人：「這是啥意思？」然後

對方就會以一口破英文回答：「這些都代表同樣的太陽。」

離家愈來愈遠的鮑似乎只心儀於鳥類的歌聲，或是和麻雀叫聲之間的差異，他應該擴大自己的視野，傾聽愛斯基摩人的聲音，也應該仔細想想那些圖畫代表什麼意思。

這些都代表同樣的太陽，這些都代表同樣的太陽。

這麼熱愛惠特曼的他或許會發掘出一個哲學家兄弟。

皮裡陽秋

鮑在文章中對愛斯摩人鮮少提及，只有在馬車港或是通過西伯利亞千鳥灣（Plover Bay）時所遇見的愛斯基摩人，才有幸躍然紙上。不過同樣如蜻蜓點水般奔波於各處的攝影師古提斯，則顯得熱情洋溢多了，其作品中也滿是當地原住民。

我這兒還有另外一些相關的檔案資料，那是美國派駐阿拉斯加的教育部官員色當・賈克森（Sheldon Jackson），在一八九九年所提出的一篇報告，報告中所附的一組照片影本還保留在我這兒。該張照片中出現六個孩子，五女一男，他們都是阿拉斯加西北部的愛斯基摩人，今天我們管這些愛斯基摩人叫做伊紐匹亞特人（Inupiat），長久以來他們也一直以此名字自稱，有時也把自己叫做伊紐特人（Inuit）或英紐特人（Innuit）。所謂伊紐匹亞特人在當地土語中就是「真實的人」之意，泛指從格陵蘭（Greenland）至阿拉斯加的那些北極地帶人民。

這一組兩張的照片都是色當・賈克森在賓州卡里色印地安學校（Carlisle Indian School）所拍的。

其中第一張是攝於一八九七年，裡面的孩童十分對稱地排在一張白布前，後排中間站著最高的男孩，兩旁分別站著兩名最高的女孩，而兩名次高的女孩子則分立於左右兩側，至於前排則是名坐在矮凳上的最矮孩童。他們都穿著起縐的骯髒皮外衣，其中女生所穿的還長及膝部。這些皮大衣都附有頭套，而且頭套也都拉起並套在孩子們的腦袋上，使臉蛋看上去就像是橢圓形的骨架，其中四件頭套飾有狼皮。除了前排那名有著亞洲人所特有的小眼睛，同時身材亦最矮小的女孩是雙手抱膝坐在凳子上外，其餘的都是雙腿拼攏、抬頭挺胸地筆直站立著，只見足蹬海豹皮靴的他們正凝視著攝影機，臉上沒有任何表情。

第二張照片的尺寸較小，是攝於一八九八年，也就是前一張的第二年。照片裡的孩童與前一張相同，只是比較接近攝影機，所以看起來略大些，其中四名並排坐在前面，膝蓋以下的部位沒有拍進去，另外兩名則站在他們後面。裡面的女孩都著維多利亞式的深色衣服，高領長袖，前面打褶，墊肩像蝙蝠翅膀一樣略為突出，連蒸汽熨過的痕跡也隱然可見。她們的頭髮中分，並綁在後面，雙手則畢恭畢敬地放在膝蓋上。至於男孩則雙腿叉開地坐在細長而裝飾華麗的椅子上，雙手捧著帽子放在膝蓋上，髮式亦為中分，而夾克則以四顆銅質鈕扣緊緊扣住，頂端的白領則環繞在脖子上。還有這六名孩童也都和上一張一樣，正凝視著攝影機。

我來回盯著這兩張照片看了幾個小時，先是盯著第一幅照片中的某張臉孔，接著再對照第二幅照片中的同一張臉孔，以便看出其中的差異。當然第二張照片中的孩子都長大了些，但卻說不出他們曾改變了些什麼，一張張圓臉沒變胖也沒變瘦，從他們呆滯而幽暗的眸子、緊抿的雙唇，以及僵硬的姿勢中，也實在瞧不出什麼端倪。雖然其中三個女孩表情似笑非笑，但由她們滿面的倦容和一副老僧入定狀來看，臉上的愉悅似乎是裝出來的。

我知道阿拉斯加教育單位是公家機關，他們所做出的報告自然是官樣文章，所附的照片也是做秀用的，以顯示出這些傳統服飾下的可憐流浪兒，在短短一年內就已調教成受過教育的文明人。

杜瑪索克、柯吉蘿瑞、伊莎妮杜克、柯莉露、安妮芭克、拉布魯克，這些可都是你們的名字耶！只見你們這些伊紐匹亞特孩童把自己的名字用英文歪七扭八地簽在照片下方。可以確定的是鮑洛斯在一八九九年沒有和你們之中的任何一位邂逅過，因為當時你們已獨在異鄉為異客，而且那兒對你們也「招待不周」，就像北極的苔原帶對鮑而言並不是那麼地親切殷勤一樣。或許你們是孤兒身，自幼即被帶離家鄉，或許因家人飽受疾病之苦而離鄉背井，也或許被捕鯨人帶壞而墮落，甚或許被探訪你們家鄉的善心探險家們所收容。或許他們帶你們遠離家鄉全是出自一片善意，但是他們卻誤以為，讓你們放棄原有的一切對你們是有好處的。當然他們也會對你們耳提面命，說你

們的族人愚昧無知、迷信，你們的文化是野蠻未開化等等。

卡里色印地安學校的創辦人就以下面這句標語為終生職志：殺掉印地安族，拯救人們。

我仔細端詳你們美麗的粉嫩小臉，也注意到臉上的光影明暗，以及難以捉摸和看穿的眼神。在你們的面具後面，我知道一定隱藏著幾許悲傷和羞恥，同時也一定飽含憤怒。

太虛幻境

午夜還沒到，我就從不斷翻騰的睡舖滾了下來，先吃了些防暈藥，然後穿過舷側的小門，虛軟無力地靠在欄杆上，並對著大海嘔吐起來，剛剛才下嚥的那些黃色藥丸都給吐了出來，並把胃掏得一空，連綠色的膽汁都一古腦地傾巢而出。我盯著灰濛濛的海平面，讓冷冽的風輕輕拂過面頰。極目所望盡是一片大海和夜空，看來綿延好幾千英哩都是這未見太平的太平洋。

當我再轉回門邊時，赫然在船的另一側看到剛才匆忙中所錯過的美景。只見太陽才剛落到那座逐漸昏暗的小島後面，使得小島周遭的天際都呈現一片粉紅，像髮帶，像浮標上的球，也像極了貝殼裡面的光滑表面。我目眩於它的燦爛，而這股奪人的光輝也把這島勾勒得像滾燙的煤塊，然而當它升至天際時顏色又變得柔和多了，就像是陣陣漩渦。即使身體微恙，但在這片並非遙不可及的夕陽中，仍有股舒暢感湧上心頭，也或許正是因為剛才的不適，才襯托出目前的快意，對周遭的一切，也由衷讚嘆起來。我們就這樣身處於此片美景中，也直接沐浴在霞光萬丈中。

鮑洛斯也經常親炙阿拉斯加的夕陽，只是他聲稱日落時天際是五彩繽紛

的，而且這些醒目的色彩也把山海給襯托得更為幽深。對他而言，這些都是嶄新的體驗。其中某天的夕陽顯得分外絢爛，並且大有與靄靄白雪的山峰一較短長之意，之後他寫下了如下的佳句：「堅實厚重的大地已變得更有靈性，並超凡入聖起來。」

鮑洛斯曾屢次提到這種美景，每當這時他都會從艦橋召喚甲板下的莫爾。我依稀可以聽出他話中充滿了尖銳火辣的愚弄意味，彷彿平日受盡莫爾欺負的他第一次要討回公道似的。「莫爾！」只聽到他說道：「十五分鐘前你該來這兒的，何苦待在船艙中大唱聖歌？」

知道到哪兒可以尋求宗教慰藉的莫爾，立刻不甘示弱地回嘴：「噢！你應該從好幾年前就一直待在這兒，何苦死賴在哈德遜河那兒靠打盹打發日子？」

我很想看看在落日餘暉中的鮑是副什麼表情，他會氣沖牛斗嗎？莫爾的這番搶白肯定是刺傷到了鮑，也再度証實了鮑只是個一輩子待在家鄉的井底之蛙，不若眼前那個行遍萬里路，且見聞遠超過他的傢伙。正因為如此，他才選擇了這個最野性難馴，最高以及最冰封的地方一遊。

我們的舵手室裡也擠滿了人，看來似乎是其中一個呼朋引伴地把其他人全給召喚了來。只見大夥兒都安靜地聚在夜空下，有的帶了相機，也有的帶了爆米花打算熬到深夜。我們靜靜地觀賞這場秀，每個人都大肆揮霍著眼前

綠色奇蹟
——阿拉斯加的浩劫與重生

這片美景，同時也都像服了鎮定劑一樣，直到餘暉逐漸消逝而成為最淡的粉紅色，然後轉為赤紅，最後變成夾雜著黃色紋理的灰色。我們屏息讚嘆，但卻沒說什麼，只是談談相機膠捲、談談地標、談談天氣，以及誰會帶著什麼以度過這漫漫長夜。

「堅實厚重的大地已變得更有靈性，並超凡入聖起來。」今天有誰敢寫出這樣的句子？有誰會甘犯浮誇不實和絮絮叨叨的大不諱，毫不遲疑、毫不諷刺，且絲毫不怕被嘲諷為傻子而寫下這等佳句？然而千真萬確的是，此刻夕陽下的每件事物都變得有靈性起來，超脫於所有已知之外。只是此刻若還無言以對的話，豈非是「暴殄天物」？難道不會悵然若失？只是不知道若少了這些傳誦千古的佳句，我們還了不了解自己所看到的是什麼？

焚琴煮鶴

在我們抵達契尼克（Chignik）灣時，灰色的山顛才剛見日出，只見山腳下依然是雪崩後所堆積出的銀色世界。我們在幾艘拖曳網漁船之間下了錨，把從荷馬港那兒拉到甲板的幾艘小艇給卸下海裡，預備在這片漁場內大顯身手一番。這兒撈捕權是在數小時前才剛開放的，附近沒有港口，船只能下錨在海灣裡，至於那長長的船塢則是屬於罐頭工廠的。只見船塢上早已忙成一片了，有起重機，有堆放著拖曳網的輸送台，有待搬運的冰，有痀僂著身子正吃力工作的活動吊鉤，以及像無頭蒼蠅的人們。

金黃色的陽光此刻正跨過沙灘和平靜的海水，直接灑到我們的船首，就像是把我們當成了戰利品一般。

海灘邊有五六隻老鷹在翱翔，像極了樹木的殘枝敗葉，並且在我們之間，以及在陽光和群峰之間逐漸聚攏。我慢慢了解到牠們也是被這片金色光芒所吸引而來，而且絕非偶然，牠們也像我們所飼養的貓咪，喜歡坐在有陽光灑進來的窗戶邊，或是燈光的下面，可以說這些鳥類是有目標地尋求溫暖。其他的鷹群和海鷗也緩緩鼓翼前行，眸子還不時窺視著我們，彷彿已預期到捕魚季一開始，罐頭廠工人就會把鮭魚內臟扔回海灣裡，因而會有頓佳餚美饌。

我又憶起了喬治長老號，在它經過這片海岸時，偶而會有幾位科學家佇立於欄杆旁，舉槍射擊沿著海岸飛行的海鷗、海鳥和老鷹等以自娛。他們這樣做倒不是因為不喜歡這些鳥類，也不會像漁夫那樣視牠們為競爭對手，必欲除之而後快，況且射殺牠們後也不會像漁民那樣有獎金可拿。這些在船上無所事事的人之所以如此，就只是出於一片愚昧、無知與不安分。

鮑洛斯當然不會與這些人沆瀣一氣，只是不管他躲到船上什麼地方，都一定會聽到那陣陣槍聲，也一定知道這究竟是怎麼回事。他有說什麼嗎？有大聲責罵、盤詰，或是彬彬有禮地要求對方節制點？或雖然胸中萬般翻騰，但依然把頭埋在枕頭下默爾而息？或許此行的主人哈瑞曼也手持著來福槍並樂在其中，既然如此，他要如何出言批評主人？

那些科學家們目睹到老鷹在飛行中突然像塊垃圾似的直墜海裡時，心中會做何感受？他們是不是也認為老鷹就像是蚊子一樣無所不在，無論耗費掉多少都無損其數目？一八九九年的美國，在這方面還未立下重重限制，甚至連科學家都沒意識到這問題的嚴重性。

可是鮑洛斯卻深刻了解到這點，其實早在他停止蒐集鳥類標本之前，就已明白了，並且在回到紐約後，還撰文抨擊那些只因為悶得發慌就大肆屠

鹿，並曝屍荒野任由其腐爛的傢伙：「這些傳統都是惡意的攻擊行徑，長久以來也一直被指責是愚昧無知或是毫無意義的做法，但事實上這批惡棍卻能輕易逃脫制裁，沒有遭到天譴，也沒有名譽掃地。」他有點懷疑上帝，究竟有沒有施予那些傢伙更嚴厲的懲罰。

有一次他曾在哈德遜河邊的老家附近，發現十來隻膽氣逼人的老鷹在春下的晴空漫天飛舞著，不過最近他已經很少享受到這種樂趣了。「老鷹是種最讓人「想入非非」的鳥類，會引發我們各種不同的幻想。」他下筆道：「我所看到的每一隻老鷹都會讓我思緒起伏，激情不已，而且眼光會盯牠們猛瞧，能看多久就看多久。」有人只是從老鷹的羽毛、膚色和蛋等認識到牠們，也有人從牠們「尊貴的舉止」中，以及對其翱翔於天際和俯瞰大樹群山之巔的幻想中，找到鼓舞自己的力量。對於這兩種格局間的差異，鮑是很了解的。「尊貴」、「沉著」、「崇高」等，這些都是他用來比擬老鷹的字眼，他不但認為這些詞彙配得上牠們，而且也以此自況。

我想當這位溫柔和善的人憑欄而立，看到那些傢伙舉槍射擊，以及群鷹中彈落海的場面，大概只能默默地發頓牢騷罷了。

大地之慟

一股聞之欲嘔的可怕味道，一座油膩膩的大罐頭工廠，以及一群骯髒得無法言喻，同時又緊鎖眉頭的中國人……看來從事這一行的人本身就被製成罐頭了。

摘自莫爾的《航海紀實》（Muir Journal）

「高級」如喬治長老號這種船也曾駐足於一家罐頭工廠邊，不過不是這兒而是在威廉王子灣。當時船上螺旋槳的一個葉片被冰山撞破了，於是船長把船停在歐卡（Orca，今天稱做考度瓦（Cordova））的海灘修理，而船上乘客則前往當地的工廠一遊。

鮑在那兒的船塢遇到一些戴著便帽的「支那人」，可以想像的是鮑對這些人留下了極為深刻的印象。他曾撰文告訴我們：「看到他們工作的技術和速度，真叫人嚇一跳……就在一瞬間便手斬刀落，把工作給完成了。」只見長刀如電光石火般，在幾秒鐘內就把鰭、頭、尾和內臟等給剁下來，然後把掐頭去尾、「清潔溜溜」的魚身包起來送去清洗，洗完再扔到輸送帶上。

在歐卡那座罐頭工廠內，只見工人們手操殺魚刀反覆地刺進魚身，片刻功夫便把牠們切成每個一磅左右的厚片，再用機械撞錘打進開口的罐裡，接著工人們再把外蓋給銲好，檢查封好的罐頭是否有漏，然後滾盤就把這些罐頭送入蒸餾器內進行壓力烹煮，最後就是貼標籤，以及把一罐罐的成品裝箱。平均每秒鐘就有一個新的鮭魚罐頭從生產線出來——日復一日，終日不輟。

這些鏡頭鮑是見多了，那些味道他也聞夠了，最後終於弄得他胃口倒盡。死鮭魚在陽光下堆積如山，鳥類爭相啄食，這些不用的廢物最後都成堆地橫陳於船塢下，再經過油膩又血腥的浪潮反覆地沖刷。

腐魚爛肉，聞之掩鼻的臭味，就是這些廢物讓鮑的胃翻騰不已。不過，我倒希望他能看看更大的浪費行徑，那就是整個資源的濫用。我希望他發出雷霆之怒，但他卻視而不見，或許只是無言以對，也或許是因為他在哈瑞曼那兒做客，又是工廠主管的座上佳賓，所以不便發作。

所幸還有其他人稟其春秋之筆，記錄下這些事情，他就是葛林尼爾。葛曾仔細研究過製罐過程，觀察過「萬魚塚」，也向別人請教過相關的問題。後來他寫了份報告給哈瑞曼，指控這個產業的貪婪；指控它造成河口的堵塞，讓滿肚子魚卵的母鮭無法移棲回河流；指控業者不分青紅皂白地濫捕，並把不想要的任意棄置；指控業者所捕到的鮭魚數量遠超過罐頭工廠所能處理的負荷，因而隨處傾倒多餘的部份。他無法接受阿拉斯加的鮭魚是取之不盡，用之不竭的這種誇大說法，並且不斷向人討教相關問題，最後他終於弄清楚了一個事實，那就是鮭魚魚源日稀，也愈來愈難撈捕，以一八九九年夏天而論，須花上更久的時間才能捕獲與前幾年相同的數量，而且漁民也要跋涉到更遠的地方才能找到魚群，當然鮭魚數量亦銳減。

罐頭業者對此心知肚明，但他們卻浪費如故，依然魯莽草率，不改其自私行徑。葛說這些業者的座右銘似乎是：不拿白不拿，即使我沒有盡己所能地取走一切，別人也會拿走的。

即使一切反應都慢半拍的政府部門，也在那年初提出警告，該州州長並呈了份報告給華府，要求限制鮭魚的撈捕，同時也把原住民的請願轉呈過去，原住民在請願書中抱怨政府將他們給與世隔絕，其世世代代所居住的溪流邊也不准再住人，此外他們的魚更是被外地來的船給載走了，讓他們食不裹腹。由以下這部份請願內容可看出他們不平中仍不失禮節：「我們嘗試著向那些濫捕者提出規勸，但他們卻威脅著要敲碎咱們的腦袋。」

我想搖醒鮑洛斯這位官方旅遊歷史學家，央請他正視眼前的一切，把自己所看到的告之全世界，並譴責上述浪費和不公不義等行徑，至於描寫中國「快刀手」那些令人稱羨的刀法，則就此打住吧。另外我也期望他改變初衷，那些打死都不再上船塢，只想往氣味清香的林地裡鑽，只願追逐北美鶇

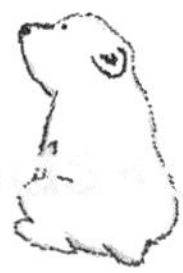

鳥的嘹亮歌聲，但卻無視於罐頭業者所造成的污染等做法，俱可休矣！

寵辱皆忘

在契尼克的那間罐頭工廠由於缺少舢板來載運他們的首批漁獲，所以我們雙方就簽了份為期一天的租船契約。那一整天都是不錯的天氣，棒得只穿T恤就夠了，而那座工廠則隱身於一片沙洲後面，在那兒我們看到一些拖曳網漁船揚起了帆，不住地在海岸附近兜圈子，也有些船拉起了拖曳網上的吊鉤，然後收網，並把網聚攏。這些船都才剛漆上奪目的白色和藍色，滿載而歸的小艇在陽光的照射下閃閃發光，著雨褲的漁民則在後甲板忙著，透過他們頭頂上的動力滑車，把軟木浮子和網等漁具反覆堆疊起來。只見他們步調沉穩、從容不迫，而且技術純熟，然而漁獲卻不多，看不見「遮天蔽地」而來，把海水都弄得一片陰暗的魚群，收攏的拖曳網裡也看不到群魚爭相吐出的泡沫，甚至連魚兒群起跳躍的動人畫面也不見了。只能清楚地聽到些聲音越過水面傳了過來，像船身有節奏的前後顛簸聲，海水一成不變的嘎吱嘎吱聲，以及拖曳網上的鐵環相撞時所發出的叮叮噹噹聲。肯拿望遠鏡張望時，發現一艘漁船收起了網子，把一大堆閃閃發光的銀色魚群給弄到船上。此刻海灣裡風平浪靜、水波不興，不過卻滿是油污，從顏色上看宛如地中海般。

海灣的四周隨處可見瀑布從陡峭的岩崖急衝而下，上面的群峰仍是一片綠意盎然，也始終結著層白雪。另外，鰻草的長葉如彩帶般在海底陰暗處沙沙地舞著，整個沙洲也堆滿了飽受波浪摧殘的鵝卵石，以及任由它們日曬雨淋，且如枯骨般的木材。

這就是在漁家生活的浪漫處，尤其是在這美好的一天，在這水波不興的寧靜海洋上，以及比絕大多數人想像中還要可愛的這個地方。這是份最實實在在的工作，充滿了陽剛美，世上的一切美好亦盡在此，更何況還有錢可賺，不是嗎？

此情此景讓我們寵辱皆忘，像是暴風雨、漁網纏住舵輪、擱淺、漁船發出刺耳聲、夥伴們摸魚、置網作業失敗、抽水機損壞、魚蹤不現、支付漁船的各種款項、水母刺到眼睛、滿網都是木材和幼蟹、竟日大雨、嘔吐到一無可吐之物，以及累到麻木等煞風景的事，皆不復記憶。

午夜時分我們有了第一批漁獲，那時滿月已升到山肩，整座山、整個岩岸，以及整個海灣等盡沐浴在厚實且如奶油般的月色中。

飛瑞林迪號上的都是一家人，有老爸、老媽、一個女兒和幾個年輕兒子，他們也像在契尼克捕魚的大多數人一樣是原住民。只見這些人正佇立在主船室的門邊工作，而我們的人在月色下也沒閒著，大夥兒一起把幫浦水管給搬到船艙，準備給漁獲磅重。肯這時和一位興高采烈的女人交談著，內容不外乎是魚價和保育工作等，後來她脫下手套，從襯衫口袋中拿出捕魚許可狀交給他，接著透過這艘拖曳網漁船廚房的窗子，我又看到一名年輕女子在弄著鍋碗瓢盆。這兒的人都很優哉遊哉，尤其是在這滿月的夜色下，同時又適逢這捕魚季的第一天，沒有一個人忙得像無頭蒼蠅。另外還有個人脫下了帽子，用那隻巨大、黝黑且孔武有力的手抓著頸背搔癢，言辭中對我們船上的配備和冷凍設施滿是豔羨。肯接著問他是否還需要些冰塊、補給品或其他什麼的。這時，突然一股鮮湯和熱油的味道，從那廚房再經他們的甲板和我們的甲板傳了過來。這兒不僅僅有商品的交易，而且還有濃郁的人情味，這是傳統的拜訪和待客之道，也是小山村裡悠閒度日的一種方式。

如果哈瑞曼探險隊在穿過阿拉斯加半島時，曾駐足在這兒的話，那鮑洛斯就會碰到那些由舊金山華埠、菲律賓、夏威夷等地飄洋過海而來到這兒的罐頭廠工人，就像他在歐卡所見到的一樣。在這兒捕魚的人不少，船上裝有無線電的多是北歐、義大利和希臘來的漁民，而當地原住民——有五千年古老文化的太平洋區愛斯基摩人——則慘遭排擠而幾乎消失不見，以前的生活再也尋找不回，不但被邊緣化，而且傳統食物也遭到劫掠，因而被迫到林地裡設陷阱，捕捉已近乎耗磬的動物，好販售其毛皮。

鮑洛斯當然也會看到海灣和礁湖附近的那五、六座罐頭工廠，以及許多已無事可做的工人，和高掛牆頭閒置許久的殺魚刀。在一八九九年時，契尼

克的捕鮭業就幾近消失，魚群也被一掃而空。過去這兒曾是阿拉斯加罐裝鮭魚業的重心所在，但曾幾何時由於那些大老闆和漁民們跨過河口安裝魚網，使得當地資源在短短幾年就耗竭殆盡。

不過經過年復一年的護魚和管理，今天契尼克的捕鮭業者已成了阿拉斯加州最富裕的一群人。我們都知道捕鮭是當地漁民的歷史傳承，至今他們仍和鮭魚維持著相當緊密的關係，連這片大地在他們土語中也被稱為「大翼」。當然他們也繼承了其他的遺產，有一次罐頭業者把當地漁民的名冊讓我們過目，裡面就宛若瑞典和挪威那兒的電話簿，其中也夾雜著少數俄國人和其他名字。這些北歐人帶來了捕鱈魚的風潮，且移民到這兒後也入境隨俗地捕起鮭魚來，而對海洋懷抱著熱情的他們自然也亟願過著更美好的日子。沒錯！這就是殖民主義，沒錯！這也相當於文化上有計畫的滅絕，沒錯！同化作用也會雙向的發生。這些來自遙遠處的人們已成為這地方的一部份，並且適應了當地、選擇了當地，和當地原住民通婚，最後成為一家人。

御浪而行

在這兒想向來阿拉斯加尋幽探勝和找樂子的人進一言，如果閣下已垂垂老矣那當然是好，不過如果還年輕的話那就稍安勿躁。阿拉斯加的風景誠然要比世界任何地方都來得宏偉壯觀，但俗語說五嶽歸來不看山，如果第一次就把最棒的給瞧盡了，那以後什麼美景都引不起你興趣了，而欣賞的能力也會變得魯鈍起來。

摘自亨利・甘涅特的《地理概論》（General Geography）

凌晨時分，我在其他人好夢方酣之際，獨自駕著這葉扁舟從契尼克西行。顯而易見的，這是片宏偉壯觀且又絢爛無比的大地，只見堡岬（Castle Cape）在旭日中自紅色的岩塊中緩緩升起，而險峻的石雕塔也從海中一躍而出，像極了城堡的角樓。至於其沉澱層也圈圈堆疊在忽寬忽窄、忽明忽暗的鐵箍中。我忽地想起，只有在喬治長老號通過這處地標的前一年，記錄中才第一次對這地方加以描述，而且一直到一九六二年，都以這個官方名稱示人。當然它以前也是有名有姓的，當地土語管它叫做杜里門尼特岬，是什麼

意思我不清楚，不過絕非「城堡」之意。令我印象最深刻的就是，這兒的海岸在地理學上來說要比美國本土「年輕」多了。

這次航程已由我面前的那份電子地圖給繪出，而我只需要操縱那台不斷閃著綠光的羅盤儀即可，甚至連操縱兩字都談不上，因為你不必轉動方向盤，而只是以一個小小的指針盤指示好方向舵而已。整個過程就像是小孩子常玩的連連看遊戲，除保持清醒並注意著那浮動的遮蔽器外，別無其他技術可言。我檢查了一下用來探測海深的音響探測儀，它所發射的音波可以輕輕穿透隱藏在海底的岩石，再繞經半島海岸線上的各個海岬傳回。

我幾乎無法想像那些老式蒸汽船上船長的能耐，以及他們對船的卑微期望。那些人在迷霧中、在暴風雨中，以及在冬天的暗夜中，駕著船行經這兒的海岸，身邊只有靠羅盤、指引線，以及敏銳的感覺導引自己。如果沒有發現地標，而他們又全速前進的話，那距離與時間的拿捏就攸關生死，稍有延緩或失誤即船毀人亡。可是他們仍鎮定如常，還吹著口哨，並藉由群山所傳來的回音以及驚濤拍岸聲導航。而且他們可以一路靠「聞」樹脂、爛泥和魚的腐爛情況，以及感覺風和溫度在肌膚上的變化，來導引船隻前航。至於他們的航海圖上若有任何標示的話，也只是ＰＤ和ＥＤ等記號（分別代表「方位可疑」和「存在可疑」）。

在我的導引下，船向南轉了個角度，此時可以由螢幕上的長線判定我們已通過了海豹岬，並向米卓法尼亞島（Mitrofania Island）的方向進發。對於那些能真正航行於這處海岸線的人，以及能讓我好整以暇、裝模作樣地高坐船長椅子上的科技，我實在是既敬且畏。

一整個早上船都在海鴨出雙入對的蔚藍海洋中鼓浪前進。我沒看到其他的船，天空中也沒一架飛機，陸地上亦沒任何人發出任何訊號。我們只是銀河中的一粒塵埃，大海中的小水滴，以及畫過無盡大地上的一個閃光罷了，在歷史的長河中不僅無足輕重，也毫無影響。

回首前塵

在這片無止境的大地裡，只有些煤灰色的海鳥鼓著狀如新月的長翼畫破天際，我不知道到底是盜賊鷗、海燕還是海鷗。除此之外，還看到了雪白的頂峰在微光中升起，以及轉動著黃色眸子猛瞧著我們的小海雀。

這些年來許多已塵封的回憶如今又湧上心頭，在我還未到學齡時，就常幻想要是能有台攝影機在我眼後來回掃射的話該有多好，可以把我看到的每樣事物都錄起來，然後再放映在銀幕上，這樣一來，各個地方的每個人也都可以看到它們了。那時每樣東西對我來說都是嶄新的，也都引起我強烈的興趣。後來進而相信世上的每個人都會做如是觀，而我也特意擴大自己的視野，去尋求出最有興趣的事物，然後仔細看著它們，並且讓那台攝影機不停地轉動。比如說天際的浮雲、螞蟻排成一列地跨過人行道，並背著和自己一樣大小的青草種子、糊壁紙的樣式，以及銀匙的形狀等，它們都是生活上毫不起眼的細節，但這些發現對我而言卻是美妙無比的，也值得我大書特書。

在兒時的想像中，我可以隨意開關並轉動眼睛後面的那台攝影機，且只有在進浴室時才會羞赧地關上，其他時間都會竟日開著，而在意識中我也一

綠色奇蹟
——阿拉斯加的浩劫與重生

直執導著這個露天舞台。猶記得有時在浴室裡也會開者攝影機，然後透過窗台上的風扇葉，直達窗後枝繁葉茂的大樹，和不斷拂動的綠葉，並且還看到扇葉移動時所產生那種髒得很「藝術」的美感。

如今又在這個地方再次領略到所有的美，眼睛後的那個攝影機此時正在轉動著，畫面也正在放大、縮小，以捕捉到每個角度，並充分運用光線以使它發揮出最大的視效。只見它從大海一直捕捉到群峰，再轉到朗朗晴空，極目四望後所看到的都是那麼地新奇無比，宛若大地上的生命伊始時，也像小寶寶第一次睜開眼睛瞧自己母親時那樣。世上的每個人都該來瞧瞧我所看到的，如果能盡收眼底就會愛上它的，就會知道生命滿是小小的喜悅，以及全然瘋狂的奇想，這些都值得我們全心全意地擷取。可以確定的是，我從過去到現在一直是如此。

沙鷗翔集

過去我從未見過飛翔竟是那樣的輕鬆寫意和暢快——沒有刻意的動作和念頭，也沒有刻意的出力，有的只是夢想。

摘自鮑洛斯的《遠征紀事》（Narrative of the Expedition）

旁邊沒有鳥類的書籍可供參閱，也沒有戴爾或莫爾可以請教，所以就只能用猜測的，不過，我想這種塊頭大、色深、有張笨拙嘴巴和一雙瘦長翅膀、正追蹤著我們，並在大搖大擺飛過操舵室上方時死命盯著我瞧的，應該就是神話與傳說最多的鳥類：信天翁。

當阿拉斯加探險隊越過雅庫塔灣而前往威廉王子灣時，鮑洛斯曾在阿拉斯加海灣（Gulf of Alaska）裡首次見到了信天翁。那種翱翔除了「美夢」兩字外，已別無其他更貼切的形容詞，因此他會說：「就像是超脫於可見的形式，並想編織出一些咒語來迷惑我們，或誘使我們走向毀滅一樣。」

鮑洛斯應該看過山繆・柯勒瑞吉（Samuel Coleridge）所著的《古代水手之詩》（The Rime of the Ancient Mariner），因此想必知道古代水手如果殺害這種無害的鳥類，就會受到極嚴厲的懲罰，不只其他船員會把死鳥掛在他脖子上以消災解厄，而且船也會遭到停駛的命運。想必鮑洛斯因而更急欲一睹其芳容了。柯勒瑞吉這本最有名的詩集是在一七八九年發行的，比鮑洛斯看到信天翁時要早上一百年，而我又在鮑氏目睹後的一百年，見到同樣的鳥以同樣莊嚴的樣子靜靜飛過我上方，當時那兩位作家的話似乎就在我腦袋後迴盪不已。

我很懷疑今天還有多少從未目睹過牠芳容的人，會根據二百年前的詩作而認出牠來？從沒讀那首詩，或從未耳聞過柯勒瑞吉大名的人應多如恆河沙數，但卻都知道把信天翁掛在自己脖子上是什麼意思，也深知文學對我們一般文化的影響力量。現在有太多歌頌水的名詩佳句，然而這些指的大都是名川大澤或五湖四海的浩蕩之水，卻吝於著墨一小滴供我們飲用的水珠，以及不分大小親疏都懷抱體恤之心的那種智慧。

我不知道鮑在回憶自己的詩作時，會不會想到其他的事，他知道柯勒瑞吉在寫下這首傳頌千古的詩作時，卻從未到過海上嗎？那位大詩人從小就在離海僅六英哩的地方長大，也常從海岸望著大海，而且顯然也愛讀航海方面的著作，這些因素加起來就構成了寫下那篇不朽之作的原動力。他鉅細靡遺地描寫如何前往南極大陸，以及如何經過充滿暴風雪的極地和貿易風，而回到赤道附近的無風帶。細膩入微的筆觸直讓人以為他必定親炙過大海的洗

禮。柯本人把這叫做「想像的力量」，也就是藝術家把斷簡殘篇塑造、成型或結合為新傳說的能力。這種想像力和鮑最專擅的觀察力少有關連，但卻和一個人思想的深度息息相關，而這也得以讓我們了解到一些經驗之外，或無法解釋的事。

事實上柯筆下的信天翁是南方的品種，叫做「徘徊的信天翁」，展翅後的翼寬超過十一英呎，亦為當今最大的可飛行鳥類。我們在阿拉斯加可以找到三種信天翁，其中一種已很稀少，只有黑足的信天翁最常被海上的船隻所觀測到，而我和鮑洛斯所看到的想必是這種。至於第三種的北太平洋品種，則在十九世紀後半葉（至哈瑞曼探險隊成軍的那個時候）被日本人大肆濫捕，以取用其羽毛。至於信天翁的主食則是海面上所捕捉到的大烏賊，另外牠們也會跟在漁船後當「清道夫」。

死鳥掛頸、「虛擬航海」：要找到這麼一個名聞遐邇、流傳久遠，且或許是最「真實」的事，是多麼地奇妙呀！

綠色奇蹟
——阿拉斯加的浩劫與重生

郁郁菁菁

休馬琴（Shumagins）火山就像奇形怪狀的拼圖一樣，環環相扣於大海的周遭，它們以近乎垂直的角度浮出海上，然後傾斜地緩緩隆起，並沿著輪廓清晰的山脊出現在我們面前。火山所形成的地形在這兒無所不在，且平坦而不雜亂，就像是陶土所做的模型地圖。這兒一共有十五座由火山岩所形成的主島，其中夾雜了更多袖珍型的小島，它們在主島之間就像是踏腳石一樣，而島上的一切也都一覽無遺。

在微光中我只看到怒放的愛爾蘭草，就像是什麼液體被潑到斜坡上，然後從岩石上滴落，並集中在每一片地表上。這片綠意和鮑洛斯從柯迪亞一路走來所看到的，應該殊無二致。他對這片大地的田園風光十分傾心，並寫下「這兒盡是圓而平滑的綠色山林，一眼看去十分柔和、親切，就像是經過一番精心整理的草坪。」、「極目四望盡是一片青翠、一片綠色地毯，和一片浩瀚的牧草地，彷彿那兒蘊藏有無數的牛羊群、牧者以及田舍農莊。」在文中他一再強調「碧綠如草坪」這幾個字，經統計我共發現他有五次，把這片無樹的綠色大地給比擬為經過照顧和整理的草坪。

我也見識到同樣壯麗絢目的綠意，以及同樣遼闊的景緻，而且，我也和鮑一樣對這一切仰慕不已，不過卻是出自於迥異的聯想，和近乎完全相反的理由：我沒有把這些綠色的島嶼聯想為人工草坪或是農場，或是什麼溫順馴服的地方，而是一片野性難馴。我所看到的是一片無邊無際的綠意，男男女女或家禽家畜等既未在上面翻滾踐踏過，也沒有在上面留下什麼蹤跡，換言之，這些地方沒有經過刻意照料整理，草也沒刈過，也沒做出什麼「有用」的事。

鮑氏終其一生都想再打造出一個田園生活，以重拾過去，無論在實際生活中的小農莊，還是書中的世界，皆朝著這個方向嘗試。由鮑的自傳不難看出，他有濃郁而痛苦的懷舊之情，一心嚮往兒時的田園生活，也十分眷戀祖國過去那一頁令人欽羨，但卻再也挽不回的農牧歷史。另一方面，他對海上生活的眷戀也濃郁得化不開，同時會以浪漫的筆觸描繪出自己的抑鬱之情。當他的愛兒出世時，他就傷心地寫道：「我望著這個身上流著我的血的孩子，心想怎麼這麼晚才來這個世界報到，他所錯過的是何其多啊，而其所擁有的傳承亦大都凋零物去，真不禁讓人掩卷長嘆。」

想想他再回顧一下自己，我不由得悚然一驚，這種似曾相識的感受是那麼地熟悉，這不就是長久以來我自己的心情寫照？我雖然沒有充滿田園風味的過去可供自己緬懷，但卻對年華的老去和韶光的倏逝為之唏噓，再者我也

綠色奇蹟
——阿拉斯加的浩劫與重生

一直覺得自己出生太晚而無法體會真正的蠻荒世界，因而錯過不少東西。我曾夢想過在那些湖泊還沒蓋好避暑山莊之前，或還沒被快速小艇弄得天搖地動之前，就搶先一步地駕著一葉扁舟遊湖；也曾夢想自己走過隱匿於山林裡的谷地，發現了以後不知是否還會存在的大峽谷、懸崖峭壁，以及暖烘烘的春景等，當然，還有野鴿、水牛群、大山貓，以及迎風搖曳的青青草原，我希望這些都一個不缺地出現，也希望自己能成為另一個路易斯（譯者註：係指辛克萊・路易斯（Sinclair Lewis），美國小說家，一九三〇年諾貝爾文學獎得主）或克拉克。

飽和我在這方面是不同的（也未必不同），亦或許只是在某些獨特的地方有所出入而已。他在那個年紀對逝去的世界曾懷有浪漫之情，而目前這個年歲的我也有同樣的浪漫情懷。

但我必須要問：這股殷殷之情道盡了我什麼樣的心聲？是點出了我的想像？是代我一吐悲觀抑鬱之情或是其他的？還是鏤刻出現在及未來的我？這就是我真正想要的？還是欠缺了什麼？我只是個無可救藥的浪漫主義者，和飽一樣無法體認出現實世界的真義嗎？這股戀戀之情會將自己引領到什麼地方？事實上我不想重拾昔日的時光，尤其不想加入哈瑞曼探險隊中的仕女行列，被緊身束腰給綁得死死的。

目前我只知道能讓我衷心喜悅的是些什麼——這顆赤熱的心不僅是肉體

上的，也代表人類精神生活中那片只可意會，而無法言傳的空間。

我的目光幾乎無法從那片綠意中抽離，不過即使如此，這片色彩仍會像濃縮物一樣和我長相左右，而每種其他色彩亦是這其中的一部份。在我面前的是平靜無波的蔚藍大海，只有船首處可見到乘風破浪的畫面，大海就像是遭到刀剪的綢緞一樣，而嘴巴黃得耀眼的海鴨，也成雙成對地在船的兩側戲水，或是在我們所途經的路上潛著水。

雪山飛狐

此時我們的船經過安加海峽（Unga Strait），並且排著隊依序往帕芙洛群島（Pavlof Islands）開拔。只見所有船都不約而同的排成一列，並一起往西航行。在我們前面的是艘大型動力平底船，後面則是艘巨大的黃色駁船，上面有起重機，以及堆得像塔那麼高的貨物。只見較遠處的那艘駁船轉了個角度，使我們得以瞧清楚它的頂端堆滿了捕魚用的刺網，另外還有桅檣、索具和指向天際的魚叉。其中刺網的長度和寬度必須依規定尺寸放妥，長為三十二英呎、寬度亦與此相當，看上去就像是飄浮在浴缸中的玩具。除了它們外，還有數條拖曳網漁船在附近，忽焉在前，忽焉在後，或是一直在我們的同一側。這時沙岬（Sand Point）已經在望，它是此一區域最大的一個社區，而許多母船也正駛往他們的漁區展開作業。

在我們前方的那個島叫尤柯諾伊（Ukolnoi）島，上面所豎立的那個帳篷小得幾乎快看不見了，在帳篷旁工作的人後來告訴我，那一天他們也看到那艘載著刺網的黃色駁船經過那兒。這些人都是來自家鄉的故舊，一個叫艾德，另一個叫尼那，是來島上獵狐的，打算把那些會對鳥類產生威脅的殺手給消滅殆盡。

艾德與尼那一直有個夢想，也和那位養狐農場的魏斯朋一樣懷抱著無比的熱情，打算把阿拉斯加一些「沒有利用」和「無用」的小島轉變成有用的地方。他們的夢想就是將引進繁殖的狐狸逐島清除乾淨，以重拾過去的肥沃和豐饒。在他們的夢想中，這些島上應該是雁鳴如雷、鳥聲啾啾，並且振翅拍翼聲不絕於耳，而每一水丘、窪地和岩石堆的細縫亦都擠滿了鳥巢，連懸崖都鳥滿為患。海鴨可以從牠們的洞穴進進出出，入夜後，海燕的振翅聲如啾啾鬼聲，也像一大堆突變種的蚱虫。此外，還有紅腳的三指鷗、小海雀、住於外海的鸕鶿、鴿鳩、大雁、棉鳧、喜歡引吭高歌的麻雀、拉普蘭（斯堪第那維亞半島北端地區）種山雞、冬鷦鷯、隼鷹、雪地貓頭鷹和岩松雞等。這幾種鳥類的數目成百上千，甚至數以百萬計，有一次當牠們飛過東方的原野時，就好像遮天蔽日的候鴿過境一樣，一時之間天色亦為之一暗。他們倆的美夢一旦成真，這些鳥兒的數量會更多，而青草、羊齒類植物和瀑布似的花海，也會在這些島的肥沃土壤中枝繁葉茂，至於峭壁間所堆滿的白堊質鳥糞，會讓周遭海域更加營養豐盛起來，從而使浮游生物、小魚小蝦、大魚、海獅和鯨魚在這兒生生不息。入夜後，浮游生物會發著冷光，在海流中飄來飄去，並吸引更多鳥類來到這兒潛水覓食。豐盈、多樣、數量多得令人頭皮發麻等，都代表進化上的完美無缺。

此一美夢中並沒有由外面引進的掠食者，除了偶而來「串場」的淡水水獺，別無一種陸生哺乳類動物。除此之外，也只有猛禽類會從高空向下俯衝，並施以突襲，這族群裡有會偷蛋的海鷗，以及寄生的盜賊鷗。

這種夢境像極了艾德和尼那曾待過的地方，亦即真實存在的那些遠方島嶼，不過到目前為止，它們已遭到狐狸、因船難而流落至此的鼠輩、家畜及其他外來生物的侵擾。他們曾到過阿留申群島外緣的一個小島，赫然發現上面繁衍了三十三種鳥類，數目高達三百五十萬隻，想不到土地僅及阿留申群島總面積百分之一的這個蕞爾小島，竟孕育了其中七成五的海鳥。

請想想那種情況，想想各種可能性，並想想這兒的昔日盛況。

可以確定的是在人類介入之前，狐狸就已經是某些阿拉斯加島嶼上的居民了，換言之，牠們很早就趁著冬天大海結冰時，越過大陸而來到那些小島，也或許在冰河時代牠們便已來到此間。維塔斯・白令（Vitus Bering）在一七四一年從事那趟發現之旅時，不但宣稱阿拉斯加為俄國所有，而且還因為在阿留申群島上發現了狐蹤，而將之命名為狐群島。後來俄國人把狐狸從一個地方引進到另個地方，就這樣到了一阿八一一年，抱怨連連的阿留申住民指出，在他們的家鄉已找不到足夠的鳥類以縫製其鳥皮衣飾了，為此他們必須深入更遠處那些沒有狐狸肆虐的小島，行程中無形憑添許多危險。

哈瑞曼探險隊的人知道，他們通過阿拉斯加的那年夏天，是養狐農場黃

金歲月之始，不過對此趨勢他們卻無法力挽狂瀾。剛開始時只有幾對狐狸偕同那些最新崛起的企業家前往異鄉，但這些畜牲卻像黑死病一樣快速擴展，並枝繁葉茂、子孫綿延不絕。到了一九二〇年代，毛皮生產已成了阿拉斯加的第三大工業，而養狐農場也已接管了四百五十座過去從無狐蹤的小島。在一些沒有樹木生長的島上，除了那些可以在人、狐都無法到達的懸崖邊築巢的鳥類外，其他的到最後都被逐一消滅。

後來在經濟大恐慌（Great Depression）時，養狐業才走向蕭條，並從此一蹶不振。歷史向我們訴說了這些，也給那些廢棄的農場遺留下斷垣殘壁的小屋、腐朽傾頹的欄柱，以及鏈鎖俱銹、空空盪盪且隨風擺盪的狐籠。另外許多小島所留下的那頁狐群滄桑史也告訴了我們，不管食物供應了多少或生長環境有多惡劣，這種畜牲都會活下去。不過歷史所沒告訴我們的是——因為它沒記錄——在狐蹤現身前那兒存在了什麼，以及什麼東西到現在已經消失不見了（也或許是永遠消失了吧！）。我們只知道更大的一頁歷史，那就是在全球各地的島嶼中已有七成的鳥類「原住民」慘遭滅絕，而其原因就是外來物種的引進。

在阿拉斯加這兒，阿留申加拿大種海雁一度認為已被狐狸滅絕，只有在一九六二年，也就是二十年後，才有些碩果僅存的這種鳥被人發現。換言之，只有在狐群連根拔除，以及棲息地重生之後，這些鳥類族群才有可能重拾昔日榮景。

我們的船通過了這處海岸，也通過了艾德和尼那的帳篷。他倆從一九四九年起，每年夏天都會自動前往各小島上撲殺狐群，以後他們還會繼續緩步地逐島作戰。這些島如今已成為阿拉斯加海上國家保護區（Alaska Maritime National Refuge），所以迄今狐群已從二十九個島嶼撤離，只有三十多座島還留有其芳蹤。不過這種方法很沒效率，相較之下毒殺算是有效率的，但它卻與現今法律有所抵觸，於是他們改以設陷阱捕捉和槍殺等方式作戰，等時間一到就會離開尤柯諾伊島，另外他們也知道只要還有一隻狡猾的狐狸，就會趁隙溜走並繼續構成威脅。

覆巢之下

心靈潔淨的鮑洛斯經常喃喃抱怨鳥類學家的射鳥和取蛋等行徑，所以當他踏上休馬琴島，並帶回一堆狐雀蛋後，大家都取笑這位「約翰叔叔」。

摘自湯瑪士吉爾尼二世（Thomas H. Kearney, Jr.）於一九四八年所著之《哈瑞曼探險追憶》（Reminiscences of the Harriman Expedition）

當喬治長老號途經休馬琴時，曾在沙岬歇腳，這個如今已有一千多居民的繁華漁業重鎮，在當時卻被鮑老描述為一個空殼子，除了一個港和覆滿了赤楊的海岸外別無它物。後來探險隊留下一組人馬在那兒，以研究該島的火山構造，並蒐集海中生物。長久以來沙岬一直是偷獵海豹皮的船隻會面之所，後來也成了補給站，在舊金山和俄國之間捕鱈魚的船隻，都會來這兒加油添水。此外，沙岬也是一處落後地區的交易所、鮭魚買賣的重鎮，以及養狐業的中心。可是在一八九九年，這兒只有一位看守者住在幾間破落的屋子裡，其他的就只是一間供那些科學家們留宿的旅舍。

在喬治長老號駐足於這兒的期間，探險隊員曾踏遍了這古老殖民地的每個角落，包括這兒的海灘、山岳等，他們走到哪兒便蒐集到哪兒，其中有鳥類、蝴蝶、粉紅色的櫻草、岩塊，以及數百隻新發現的甲殼類動物。

鮑洛斯回到船上後，有時還得躲開渾身酒臭的礦工，那是整個航程中渾身最不自在的一段時光。至於某些故事他雖然有所顧慮而一言不發，但它們卻成為哈瑞曼探險傳奇的一部份，就好比如下這則：

在船上主管整個科學研究工作的莫瑞姆，有次坐在甲板上讚嘆著遠方的群山，這時鮑悄悄地貼近了他，手上還拎了些自己在沙岬所蒐集到的東西，那是一個狐雀的巢和四個蛋。由於他曾批評過別人的這種行為，所以不希望別人知道，只想和莫瑞姆私下做筆交易：希望莫瑞姆把他先前所取下的那隻黃冠麻雀的毛皮，拿來和鮑交換這個巢以及四個蛋。

顯然鮑仰慕那隻冠色亮麗的麻雀已經好幾天了，甚至幾個禮拜都食不知味，睡不安枕。從這種棕色麻雀的外觀看去，顏色金黃的鳥冠是其中最亮眼、最可愛的部位，就像是腦袋兩側各長出了一道濃眉似的。鮑在前往阿拉斯加探險之前，還從沒看到過這種巧奪天工的鳥類，因為，牠們只在遙遠的西部地區過冬，之後就會沿著加州、奧勒岡州和華盛頓州的海岸，飛往不列顛哥倫比亞和阿拉斯加產卵。

我想鮑這個可憐的傢伙，一定是被這種鳥類懾人心魄的美給迷惑住了。

阿拉斯加的鳥類何止千百種，但他卻「獨沽此味」——只鍾情於這種個頭雖小但卻高貴典雅的鳥類，看來他已發現自己在審美這一需求上的目標所在。

我不知道莫瑞姆是否殘忍地拒絕了這個交易，只知道他取笑了那位已垂垂老矣的自然學家，也知道他後來把這樁交易內容吐露給其他的科學家，讓每個人都知道鮑那種「只許州官放火，不許百姓點燈」的偽善之處。當然，我也知道從此以後，整船人都無情地對鮑百般嘲弄，因而給年輕的植物學家吉爾尼留下無法磨滅的印象，甚至整整半個世紀後還在一封追憶過往的信中強調此事。

人死留名

我們越過了庫普瑞諾夫岬（Kupreanof Point）、卡帕島（Karpa Island）和休馬琴島，只見新入眼簾的海岸線層層折疊，地勢險峻不說，還到處是斷裂痕跡。

這兒隨處充斥著從前俄國人所留下的各種地名，如伍茲涅辛斯基島、柴加高夫島、波比雷加諾夫島、杜戈伊岬、歐加岩、彼高夫斯基灣和托爾斯托伊岬等。

伍茲涅辛斯基這名字有股親如家人般的熟悉感覺，在我們起航的卡其馬灣那兒，就有伍茲涅辛斯基冰河，和自群山蜿蜒而下的伍茲涅辛斯基河。來自聖彼得堡科學研究院（St. Petersburg Academy of Sciences）的伊利亞（Ilia G.），就曾在一個半世紀前來到這兒探險，但在這之前許久，該島就廣為阿留申人所熟知，並參考其頂峰而為它命名。

而柴加高夫灣則讓我想起了阿拉斯加東南方的柴加高夫島，這兩處地名都是為了紀念俄國海軍上將瓦西里雅高夫・柴加高夫而命名的。這位海軍上將將前往阿拉斯加探險的時間，可以追溯至一七六五年到一七六六年間，要比

伊利亞還要早。在哈瑞曼探險隊的報告中，「柴加高夫」原本是「地方名稱」，後來官方也沿用它而成了正式的地名。

至於波比雷加諾夫、杜戈伊和彼高夫斯基等，則都是記敘或形容性質的地名，像前兩個在俄語中就是「人行道」和「長長的」意思，最後那個名字則是一處廢棄山村為紀念他們的松鼠而命名的。

另外歐加是為了紀念命名者的妻子或甜蜜愛人而取的，後來這個名字曾一度在歷史中消失，不過到了一八八二年，當日後參加哈瑞曼探險隊的戴爾在前往該區旅行時，曾在報告上再度提到這個名字（戴爾亦曾在阿拉斯加東南方的一個大島上，發現了新品種的海豚和羊，並以其妻安妮蒂之名為牠們命名）。

至於命名為托爾斯托伊的岬彎則讓我有悵然若失之感，因為我很遺憾地發現，這名字並不是為了紀念大文豪兼社會批評家托爾斯泰而取的。事實上它是一位文學造詣不錯的船長所取的，在俄文中它是「寬闊自由」之意。

同樣的，阿波羅山的這個名字亦非出自那位司音樂、詩和陽剛美的太陽神阿波羅，而這座山的旁邊就是阿波羅礦場。

這些充滿俄國風味的地名，實無法道盡阿拉斯加這片大地的雄偉壯觀。除了它們外，尚有些以英文為主的地名也值得一敘，像是尖峰岬（Pinnacle Point）、獨石碑岬（Monolith）、大教堂峰（Cathedral Peak）、堡岩（Castle

Rock）、象岩（Elephant Rock）、拱門岬（Arch Point）、長堤（Long Beach）和火山灣（Volcano Bay）。

另外我也發現了一些類似的地名，像黏土沙洲（Slime Bank）、中庸岩（Mean Rock）和梅花岩（Clubbing Rock）等。

我研究過航海時所可能遭逢的危險，它們充斥在整個海灣和真假莫辨的航道中，像是岩石、暗礁、砂洲、溶岩和火山灰等都是，至於像洪濤和激流等亦危險重重，這些都可以用二個字來形容，那就是「險惡」。

這天黃昏我們抵達帕芙洛姊妹（Pavlof Sister）這個雙火山，此時淡橙色的太陽已隱身於其後，而一朵淺淺的蘑菇狀白雲則翱翔於帕芙洛山的頂峰上。兩座白色的火山口則呈靜止狀態，雖然日後一定會再度噴出蒸氣，且火山灰也會再次泉湧而出，但許多年來它就一直這麼靜靜地躺著，就像當年哈瑞曼探險隊的人凝視著它時那樣。在同樣的薄暮時分，我們的船緩緩滑過艾姬琳尖峰（Aghileen Pinnacles），只見堅硬的岩石近乎垂直地聳立在白雪覆蓋的稜線上，向上直衝至灰色的天際，就像是古代城堡的廢墟一樣。這兒的尖峰是阿拉斯加半島上最值得一看的奇景，而且和任何地區的風景相比亦毫不遜色，我們著實三生有幸，方能在這種天氣晴朗且又背光的時刻，目睹到它令人難以忘懷且又始終如一的面目。其實艾姬琳這個絢爛奪目的名字也和戴爾有所牽扯，話說一八八〇年他曾指出這是個愛斯基摩人所取的名字，不過

其翻譯為何，至今已不可考。

肯說：「每次經過這兒，都希望能把安克拉治給吊在船尾，然後拖著它和我一同前行。」他的意思我了解，那就是只要安克拉治的人們能欣賞到眼前的這片好山好水，他們就會更加珍惜自己居住的地方，而且會更加地關心它，只不過為此他們必須改變自己的生活。

我們還有些海岬得通過，也還有些島嶼得閃躲，再來就要到達此次航程的終點了，打從荷馬港出航以來已有四天，共航行了六百英哩，這兒已是阿拉斯加半島彎曲且又遙遠的盡頭，也是阿留申群島的起頭處。阿留申在俄語中是「通過」之意，而這兒亦成了北太平洋和白令海間的水流最先流經之處，至於浩瀚的海水和在其中進進出出的事物，如鮭魚、鯨魚和船等，亦從這兒展開其航程。

戀戀風塵

想當年哈瑞曼探險隊亦曾深入不毛，在越過尤尼馬克（Unimak）這個大島和幾個小島後，就來到尤那拉斯卡（Unalaska）島，他們在該地的荷蘭港（Dutch Harbor）這個新城鎮停靠，以加水添煤。北美商務公司（North American Commercial Company）在這兒設了辦事處，以處理忙碌的海豹皮買賣，此外，載滿礦工的蒸汽船也會在這兒泊靠，之後就會把這些滿腦袋都是黃金夢的礦工給帶到諾姆的海灘。

喬治長老號接著就要通過這兒的海岸線往北進發，橫跨白令海，兼程趕往西伯利亞。

在鮑洛斯眼中，尤那拉斯卡是個美麗的地方。這是片綠色世界，新奇而甘美無比的野花隨處怒放著，尤令人喜不自勝的是這是片土地厚實異常。鮑不時在這城鎮附近閒逛，以親炙這兒的迷人氣息，而次數也多得幾乎和柯迪亞那兒不相上下。甚至，他還發現有位好心的婦人要租他一間屋子，並饗以鮮蛋，直到船探險回來再把他接走。

因此常常可以見到他手裡拎個小皮包，默默地從船與碼頭間的踏板走下

去。

但莫爾和室友查爾斯・基勒在這兒就顯然是無處可去，而莫爾也曾語氣中滿是震驚地問道，鮑這老傢伙可能會上哪兒呢？莫爾雖無法離開，但也不致於寂寞地枯坐船上，只見他手指滴滴嗒嗒不停地敲著打字機，以記錄下自己在白令海所發現的喜悅，如在培波洛夫斯（Pribolofs）繁殖後代，且為數不下百萬的海豹，在馬車港的愛斯基摩人和午夜裡仍高掛天際的太陽等，凡此種種都是這位歷史學家所急欲捕捉的。

鮑談到了些有關海上大風暴的事。

而莫爾也信誓旦旦地對鮑表示，白令海是個滿是瑰寶的大水池，於是他一手攬著鮑的胳臂，基勒也抓著鮑的小皮包，兩個人就這樣「架」著他們這位朋友回到船上。

莫爾解釋道：「我們要把約翰・鮑洛斯給留在船上！」

而基勒也解釋道：「鮑洛斯先生不想前往白令海，而且也無法忍受莫爾先生的輕蔑與侮辱，他的氣勢弱了些，所以只好溜之大吉。」

至於鮑本人則提出他的說明：「只要有幾天功夫讓我親炙這片大自然，便於願足矣……現在船要前往白令海了，於是我滿懷渴望地回到船上，眉宇間也恢復了過去的神采。」

悠遊書城

後來當我們的船在培波洛夫斯外海的一處岩礁擱淺，並在又是濃霧又是暴風雪的白令海上顛顛簸簸之際，只見鮑洛斯躺在自己的睡床上痛苦地呻吟著……

摘自查爾斯・基勒尚未發行的原稿

在海上飽受反胃之苦的我，可以輕易想像這種情況：

可憐的鮑洛斯一臉病容地躺在自己的睡床上，為了打起精神來面對船的劇烈搖晃，他已使出吃奶的力氣，身上的每塊肌肉都因而力量耗盡，而又急又凶的嘔吐也讓他腹痛如絞，再加上喉嚨刺痛不已，更是直讓他滿地打滾。只見巨浪聲勢驚人，連躲也躲不掉，船只好上上下下，任由它擺佈。沒多久鮑口中的唾沫就流到自己的鬍子上，而紅腫的雙眼也為自己可憐的際遇流下淚來。斯時他只能像鴕鳥一樣，把腦袋給埋在枕頭裡，同時心想如果自己還在甲板上的話，大概就沒有任何勇氣活下去了，而會選擇縱身一跳，即使在酷寒的海水中淹死，也比這種悲慘且永無終止的痛苦日子要來得好些。

這筆帳都該算在那位狂人莫爾的頭上，這小子竟沒有一天暈過船，甚至還趁著狂風暴雨爬樹，圖的就只是要在樹頂上嚐嚐風雨中大跳搖滾舞的滋味。既然如此，就乾脆讓莫爾來撰述這趟旅遊中的見聞吧。但是，單就以這片汪洋大海來說吧，其他人又能針對它寫出多少不世之作？它雖然無所不在，但誰又能細膩地描繪出它深幽、空無的一面，以及在波濤洶湧中心情的起伏？而且，會不會在這方面著墨太多而略去了它身後的那座高山？

好心的基勒敲了敲鮑的門，然後坐在床緣並奉上茶水，接著就打開一本皮封面的小書。

這是莫爾下達給基勒的任務：探望一下鮑，順便安慰安慰他。根據莫爾的指令，只有浪漫詩人威廉・伍滋渥斯（William Wordsworth）的作品，才能給鮑帶來最大的安慰，因為，這位偉大的詩人了解自然界一切的美和崇高。而我所知道的是：莫爾曾把伍滋渥斯連同葉慈（William Yeats）和布萊克（William Blake）兩位大師的作品，介紹到大西部去，使得他筆下的每一處河流、湖泊、山谷和崇山峻嶺等，都沾滿了這三位大師的文采。莫爾發現自己並不想到什麼荒山野地去，但是，這些地方卻會帶給自己不少敘事詩的靈感。就是這種如任何宗教信仰般玄奧的想像力，讓他博得大家的尊崇，並進而跨入政界。但莫爾不以虛幻的掌聲為滿足，在得到新任總統泰迪・羅斯福（Teddy Roosevelt）的傾力支持後，即大力推展環境保育工作。最後不但自己所心愛的優詩美地這塊世外桃源得以確保，而且還窮畢生之力拯救希區西契谷（Hetch Hetchy Valley），以阻擋那些「口渴者」興建水庫之議，因而不致讓這片美景慘遭滅頂。

終其一生都深受這些浪漫詩人影響的鮑洛斯，在這方面也出力甚多。後來當基勒前來探視他，並唸著那些大師的心血結晶時，鮑顯得舒服多了，安心地讓這些熟悉的詞語和旋律輕輕拂過自己疲憊的身心。只見他專注地傾聽，連每一處押韻和句讀都不放過，同時也集中心力凝思著文中的那些星辰和林木。

在他旁邊那張桌子上，則七零八落地堆放著許多閱讀資料，他把這些帶到船上，就是想要在風平浪靜以及心裡較平靜的時候細讀，可是，他究竟讀了哪些？

我們知道愛默生的短文對年輕時代的鮑影響十分深遠，最早是由愛默生的作品開啟了他的心扉，也讓他從此步入文學的殿堂。愛默生認為要想掌握文化真髓有兩種途徑，分別為獨坐和寫日記，而鮑早歲時就對此身體力行，不過，他少年時代的初試啼聲之作，則在委由這位大文豪發行時遭到對方無情的誤解。

梭羅也是他一再拜讀並且仰慕萬分的一代宗師，只不過後來他發現梭羅「猙獰陰險，冥頑不靈，幾近冷酷無情」，而且鮑自己的觀察力也隨著歲月的

累積而益見敏銳，同時，更厭倦了別人老是拿他來和梭羅相比。（像亨利・詹姆士（Henry James）就說過：「鮑洛斯是更幽默、更有利用價值，以及更擅社交的梭羅，只是程度上愈來愈不明顯而已。」）

回首前塵，在他於華府擔任銀行警衛的那段日子裡，曾像隻哈巴狗一樣追隨著較年長的惠特曼（Walt Whitman），而他的第一部付梓之作，也就是內容盡為英雄崇拜的《瓦特・惠特曼札記》（Note of Walt Whitman），這也是首部談到惠特曼這位大文豪的書，他在該書中曾說：「惠特曼曾向許多人引薦過那些荒原和未經開發的處女地，可是卻很少在我面前提及，而是常告訴我宇宙的浩瀚無邊和自然力量的強大，再不就是談到《草葉集》（Leaves of Grass）一書中對有關文明的種種看法。」

之後能對鮑產生影響的，則當推「褻瀆神明」的達爾文，達所著的《人類的傳承》（The Descent of Man），則更加強了他所認為的：人類乃自然界之一部份，而非各不相干的這一信念。

在那些同一時代的人裡，鮑較喜歡接近和他一樣經常逍遙於大自然中的那些同好，像是布萊德福・陶瑞（Bradford Torrey）、達拉斯・勞瑞・夏普（Dallas Lore Sharp）和羅蘭・伊凡斯・羅賓森（Rowland Evans Robinson）等。不過卻不會迷上力主野生保育的約翰・查爾斯・范・戴克（John Charles Van Dyke），以及主張立法保護自然界，以免被大自然愛好者毀壞的溫斯洛・派克（Winthrop Packard）等人。范・戴克和派克以及莫爾一樣，都深受喬治・柏金斯・馬希（George Perkins Marsh）的影響，此君於一八六四年曾著有《人類與自然界》（Man and Nature）一書，范等三人則把馬視為美國保育文學的開山鼻祖。不知道鮑是否曾拜讀過這本書，也不知道他是否有興趣為野生保育站出來說話。

但是在臥病於喬治長老號的那段時間，他並沒閱讀床邊那張桌子上的任何資料，或許那天他正忍受著痛苦，聽基勒大聲對他唸著伍茲渥斯的《喇叭水仙花》（The daffodils）：

我像朵飄浮在溪谷和群山之上的雲一樣
孤獨地徘徊著
乍然間一大群金黃色的喇叭水仙
雜沓地紛陳於我眼簾中
在湖邊，在樹下
在和風中飄揚舞弄著

他一遍又一遍地聆聽著，這些舞春風的喇叭水仙就像是不斷閃爍的星星，到最後終於幫助他戰勝了桀驁不馴的狂風巨浪，讓這位詩人滿心愉悅。

迥異於他朋友柯勒・瑞吉的伍茲渥斯，曾做過水手，但是並沒飄洋過海，而只侷限在英國那些可愛的湖泊裡航行，自然無法領略到被白令海「嚴懲」所帶來的那股愉悅。

我想這種反諷一定會讓可憐的鮑心生不平。

PART 3

Seward半島
Nome
Nulato
育空河
Norton Sound
Unalakleet
育空河
Mountain Village
Chevak
赫利庫羅斯
Kuskokwim山脈
Kuskokwim河
Lime Villag
Bethel
Napaskiak
Eek
Kilbuck山脈
Taylor山脈
Togiak
Dillingham
Newhalen
Tliamna湖
Nakmek
Katomai國家公園
Bristol 灣
阿拉斯加半島
Kodiak島
300km

錦鱗游泳

此刻正下著滂沱大雨，遠山一片灰濛濛的，原本微黃的色調好像全被雨水給沖刷走了。一些拖曳網漁船安然度過了這些惡劣氣候，而和我們一同來到伊卡坦灣（Ikatan Bay）內，並紛紛在我們周遭下錨，這時只見一尾三指鷗搶先一步地飛越我們而去。

今天是M區漁場第一天「開張」的日子，環顧周遭數百英哩之內，可謂沒有一人不知道M區漁場的所在，也沒有一人不與哺育此地區和它無數家庭的這處漁場維持密切的關係。不過它除了鮭魚、除了天氣、除了在接受考驗的船具和人員外，實在是乏善可陳。在捕魚季節，會有約四百艘漁船湧入那兒展開作業，但除了這些漁船、舢板和漁產加工的器材外，那兒別無其他的世界。

我在操舵室裡透過模糊一片的窗戶，看到我們的船員拆開了硬紙板盒，把準備轉售的貨品給放入冰箱並儲存起來，裡面有牛排、冰淇淋、成袋成袋的麵包和一罐罐的花生醬，轉售這些貨品也是我們對那些船隊的服務項目之一。這時，四周到處可以聽見無線電傳來的嗡嗡聲和喋喋不休的通話聲，我仔細聆聽每一通打來的電訊，裡面有的在談天氣，有的在談魚獲量、價格和魚獲種類。其中有兩個頻道是用高頻訊號，還有一個頻道的側波段可以越過高山的屏障，而把訊號傳來，另外更有個私人頻道，是我們總公司和旗下各舢板之間的聯繫工具。

魚販可以透過這些頻道呼叫我們，也可以用它來喊價、殺價，交易是以現金為主，以後還有紅利或獎金可拿。只見每個人都在談論紅鮭，對其他種類的魚卻興趣缺缺，我們從總公司那兒得知的實際情形是，漁民們所捕的大都為其他種類的鮭魚。換句話說，我們得更遠離海岸線，才可能捕到上好的紅鮭。看來這兒的阻礙還真不少，而且整個漁場不久後就要關閉，因此不能任由時光虛擲。

漁民紛紛在無線電中以安全密碼交談著，吼叫聲此起彼落，他們的所在位置不很清楚，講的話夾雜著俄語中一些沒有意義的音節。我們這邊也用總公司所提供的密碼，報告出我們的漁船數和漁獲量。

現在我們的船打算離開這處能遮風避雨的海灣，並前往漁場作業，只見肯手持雙眼望遠鏡指揮著船航行。這兒到處都是漁船的蹤跡，而且在「騷動不安的海中」（借用鮑洛斯的話），是很難看清楚並避開他們所撒的網。不過真正下網捕魚的船並不多，大多是跑來跑去「逐水草而居」，也有些是暫停在那兒等待著風靜雨歇，或是更多的魚群前來。

在東錨小灣（East Anchor Cove）內，凡是下了錨的船都讓它們的前槳在風中靜靜地躺著，就像群鳥棲息於枝頭般。我們很容易就找出好友巴克和雪莉所在的那條「幸運之鴿」號，只見他倆和另外兩位船員忙著照料撒在半島南側的魚網，可是在船身「大跳搖滾」的情況下，他們都被折騰得七葷八素。

我們從冰箱拿出了些酒給他們，不久他們又開始生龍活虎起來。

接著驟雨初歇，風浪也平靜不少，於是我們重新發動馬達，把船開到他們那兒去捕魚。他們是沿著這處岩礁紛陳的海岸線捕魚，只見驚濤拍岸，後面就是綿延不絕、灰濛濛一片，且隱身於雲海中的群山。其實「幸運之鴿」號只是提供給我朋友們遮風避雨，以及吃喝拉撒睡的地方，要捕魚時則得駕著露天的小艇，這些機動性高的小艇能更接近海岸線，以跨過舷端並定置好魚網。從我們拋錨的地點望去，可以看見最近的那艘小艇被浪打得忽上忽下，穿黃色頭巾的人影彎著腰拿起魚網，並扯下所捕獲的鮭魚，在一望無際且幽暗陰森的大地烘托之下，那是個很小但卻活生生又血淋淋的畫面，而且讓人有椎心之痛。

不過這種講求時效的海上工作也是很羅曼蒂克的，讓人戀戀難捨，當然，漁民們一次只能抓一條魚，無法大量撈捕，因此，不算是最有效率的方式，而且也不是最輕鬆或是最安全的方式。但是，捕鮭的漁民們深知這是種藝術；也很了解這兒的氣候、鯨魚、浮游生物和鮭魚之間，實有著唇齒相依的關係。換言之，上述這些牢不可分的東西架構出這片鮭魚世界，也架構出他們的世界。

鮑洛斯是怎麼說的呢？「在我們所追尋的事物中，知識僅佔一半的份量，而另一半則是愛。」他認為不僅在撰述自然史，在掌握事實，以及在永不停止地追求真相時該如此，連在釣魚時亦應做如是觀。

在這片北至白令海，南抵阿拉斯加灣的水域內，工業化和現代化的魚船俯拾皆是。這些巨型拖網漁船也是海上加工廠，所拖曳的漁網無以數計，單是一條船便可捕到四百噸重的魚獲，不僅有鮭魚，也有鱈魚等底棲魚類。只見這些船把海底都給掀了起來，就連許許多多性別、大小或種類（也包括某些種的鮭魚）不合漁民胃口的魚，也都遭到池魚之殃。當漁民們把某一區的魚都一網打盡後，又會迅速趕往另一區域作業。我覺得這些漁民們所擁有的也僅是些技術上的專業知識，談不上什麼感同身受，更遑論愛心了。

吾友雪莉和巴克曾注意到，當白令海上的鱈魚季開始後，會有大量海獅倉皇「辭廟」，越過海峽往南遷移，以遠避那些漁區。很顯然如今這些瀕臨絕種的動物也學會了趨吉避凶，不是逃之夭夭躲開那些橫行海上的大型拖網船隊，就是尋找其他食物以取代急遽減少的鱈魚。最近這些年來，有個我們不能不加以正視的事實，那就是在拖網魚船橫行的區域裡，那些海獅和其他

在海裡覓食的動物已愈來愈「面有菜色」了，而這也是今天所有科學家都不願導出任何結論的一個殘酷事實。海洋的生態和環境日益複雜，可是每個專家所研究的範圍卻日漸狹窄，只是整個問題的一個小環節，沒有一個人能綜觀全局，或是瞭解得夠多。

說真格的，在威廉・戴爾那個時代，人類在許多方面都卓然有成，不僅科學方面表現優異，就連歷史、地理、人類學、寫作和對事物的了解等方面，亦莫不如此。不過這麼多年來卻讓我們深深體會到，人類的某些所得也是人類的所失，直到我們能體察出事物的整體性，在追求物慾的同時還能挺身護衛我們的生活，才能扭轉此一現象。

琵琶別抱

海灣裡有不少漁產加工船下錨泊靠，入夜後燈火通明，自成一個活力充沛的世界。其中「海岸之星」號是我們的船，幫忙轉送漁獲，同時下達指令。它花了好幾個小時，才把我們的第一批漁獲給運走，接著，還要為船上一些新夥伴們舉辦訓練課程。而M＆M號則要在入夜後越過這些滔滔巨浪，往南展開遠航。

但雪莉和我則打算反方向前進，到她北方的家。此時船上的生活已告一段落，我打算前往海灘那兒好好享受一下，雪莉也想再待一會兒，等天氣好點再走。看來我倆暫時都不想再回去過那種暈船的苦日子，於是我把露營用品給打包好，她也整理好自己的皮箱，和我準備在海岸之星上度過今宵。

上到海岸之星後才發現它十分寬敞，我們倆就像是劉佬佬進了大觀園。它的甲板要比M＆M號的高，從上俯視可以看到活動吊鉤正要把一個四周纏著繩索的密閉艙給放下來，於是雪莉和我鬆開它旁邊的救生衣，然後穿在自己身上，並相偕進入這個密閉艙裡。迫不急待的我們才剛把腿給放好並抓緊了把手，便忙著冒出頭來，在淒風苦雨中緩緩舒活一下筋骨。

閒言休敘，片刻功夫後我們便步出那密閉艙，並脫下救生衣，綁回原位。這時，一個戴著硬帽的女子示意我們朝一個較寬敞的艙門走去，就這樣，我們穿過了一大堆巨大的真空管子和漁網。

這是我們第一次進入煙霧迷漫的露台，透過塑膠玻璃可以看到船上的加工生產線。這兒的空間狹小，在下面監看加工流程的新進人員可說是「摩肩接踵」。只見他們瞅著我們猛瞧，就像是我們剛被大雨猛淋了一番，連雨具都擋不了似的。他們大都是男性，身材矮小而黝黑，臉上似笑非笑，無所謂友善或不友善，並多為西班牙人和亞洲人。只瞧他們一個勁地在吞雲吐霧著，手緊緊夾住煙屁股，好像不管怎麼樣都不肯放開似的。這些人大都貧困交加，不惜飄洋過海來到這世界的最末端，也不過是求得一飽而已。如果獨立自主的漁民們是魚業體系的最上層階級，那麼這些工人無疑的就是身居最底層，其工作根本談不上什麼技巧，就只是把魚製成加工產品而已。

生產線上則是一堆堆髒亂腥臭的鮭魚，工人們手起刀落，剁好後正面朝上放好，魚頭也吊起來，同時一邊用水沖洗，休息時間一到則聚在一起聽候上級的工作指導，而操作手冊則打開並置於不銹鋼製的桌上。這並不是一個具工作效率的畫面，事實上每個人都是副楞頭楞腦的樣子，對自己的工作內容似乎沒一個人能真正搞得懂。

雪莉說：「這些人的處境和魚有什麼兩樣？」看來沒錯，他們不就是那天早上雪莉從拖網中活生生地給扯出，然後再扔到船上的鮭魚嗎？他們也是這樣被送上這些加工船，被泡在冷凍的海水中，然後被水管沖洗。只是鮭魚較幸運些，會被除去鰓、內臟、生殖器，以及黏液，在卸下一身「重擔」後就會被急速冷凍，然後賣到日本，在那兒擅於挑肥揀瘦的顧客會愛死牠們的那一身紅肉。

我和雪莉循線走到船上的辦公室，那兒有位女士給了我們一些舖蓋，並叫我們沿著狹窄而燈火通明的走廊到我們的「寢室」。這兒雖是男生宿舍，但也只有兩位男士被分配到這兒的最盡頭。

我們挑了靠在門邊的睡舖，房間很大，但全堆滿了一層又一層的睡舖，中間的走道窄得簡直沒法通過，每一張睡舖周遭都圍著布簾，以確保各人的隱私。掀開簾子就可以看到裡面有張薄薄的底墊，一個用來儲物的帆布袋，一片木板，以及一個閱讀用的小燈泡。我能想像在尖鋒時，這房間一定擠滿了一層又一層累得東倒西歪的軀體，污濁而稀薄的空氣簡直讓人掩鼻。不過這艘船上的衛生條件還算可以，大家也不致於分三班輪流來睡，不像有些白令海上的作業船，工人們只要一起床，他的睡舖馬上就會被另一班的人搶去睡。

我把床給舖上乾淨的被子和一條輕便的毛毯，然後倒頭便在這斗室有規律的震動中沉沉睡去。

出谷黃鶯

接到M&M號回電時仍是在晚上，「海岸之星」號以輕舟把我們給放在石牆鎮（Stonewall Place）。當時陰冷的大雨傾盆而下，落在雙肩和戴著頭巾的腦袋上，弄得鏡片上滿是霧氣。我就這樣狼狽地跟在雪莉身後，朝著她亮著燈的家一路蹣跚地走去。

突然從灰色的夜空中傳來三聲鳥叫，原來是隻冠色金黃的麻雀正神采奕奕的歡迎我們，並歡迎即將到來的白晝。

我不由得笑了起來，也想起鮑洛斯一路上都在密切注意著他所看到的麻雀。當哈瑞曼一行人駐足在柯迪亞時，鮑所注意到的第一件事，便是從氣象儀頂端所傳來那陣熟悉的麻雀歌聲。那兒的麻雀要比他家鄉的大上兩倍，但是那甘甜悅耳的鳴聲還是一樣的好認，鮑後來就一直在建築物上、巷弄裡，以及俄國人的眼前苦苦尋覓，希望能再看到這種難得一見的鳥類，在屋頂上噗噗地拍打著牠的翅膀。

只聽見隱身於暗處的那隻麻雀又對著我清唱起來，算來這些聲音我也很熟悉，因為，鮑的那本書我也經常拜讀。乍聽之下那很像老鼠聲，又聽說阿拉斯加膽小的農場人員們，常常錯把牠們當成了鼠輩。在哈瑞曼探險隊員基勒所提的報告裡，曾把牠叫做「疲倦的威利」，因為牠的歌聲聽起來彷彿就是在說：「我累死啦！」其實在我家鄉的原住民阿沙巴斯坎人的語言中，就有專用的詞彙代表這種冠色金黃的鳥類，那些原住民管牠們叫做「柴茲拉」，因為牠們的歌聲好像就是這些音節所組成。

鮑洛斯第一次遇見牠們後的幾個禮拜，就打算花錢買下其毛皮。在那初次的邂逅中，鮑曾側耳仔細聆聽牠們的甜美歌喉，並這樣形容著：「洞徹心肺，如泣如訴……非常質樸單純，卻又很容易引起共鳴。」

就在我步履蹣跚地走向那滿室的光亮時，耳邊再度響起那些天籟。是非常質樸單純嗎？沒錯，歌聲中毫不見抑鬱，十分地質樸，也很讓人動容。這聲音之所以容易引起我共鳴，就是因為我對它太熟悉了。在這片林木稀疏的大地上，我也像鮑洛斯一樣，載欣載奔地迎向這從小熟悉的歌聲。

童山濯濯

為何木材會在這半島及無數小島上突然消失不見？——這倒是個有討論餘地的問題。

摘自亨利・甘涅特的《地理概論》（General Geography）

朋友家附近的大地一片春意，感覺像是每支腳都卸下了千斤重擔，也似乎不再那麼地「步履沉重」，甚至不容易有「腳踏實地」的感覺，因為那就像在無重力下的太空漫步一樣，每當腳正要踏上這片大地，就先不費吹灰之力地躍回空中。從前也只有在童稚時代常想像自己能「御風而行」，之後就少有這種健步如飛般的舒暢感覺了。

只見頭頂飄過朵朵白雲，不久後就撥雲見日了，如馬賽克般的矇矓日光灑向大地，並驅走了幽暗，就這樣金黃色的光芒一路灑向山脊，並越過更遠處的斜坡。

此時離野花盛開的時節尚早了些，只有斜坡的最低處點綴了些淡粉紅、

綠色奇蹟
——阿拉斯加的浩劫與重生

藍色和乳黃色的小花。克萊兒和伊瑪提兒這兩位小女孩教我辨認那兒的花名，有羽扇豆、馬齒莧、蘭花、櫻草、洋莓和白頭翁等，至於稍高處的山腰邊則是一片陰暗，植物不但顏色不鮮豔，個頭也較短小。去年這兒曾受過重創，莖幹和草地都毀之一旦。從遠處望去，就像是張單調而平淡的地毯，得側著身子才能領受到這片草叢的真正面目——岩高蘭硬綁綁的葉子在含有蠟質、尺寸也較大的石南葉子間搖曳生姿，還有林工莓的粉紅色小花，以及花粉為紅色，且最袖珍的苔原帶小楊柳，另外更有些鐘形花冠類似石南，但卻叫不出名字的奇花異草。霎時之間，這整片被花草給緊緊裹住的大地就像是潺潺流水一般，不斷湧向我周遭。

風，對啦！還有凜冽的強風，這兒的每一樣東西都被大地給緊緊擁抱著和疼愛著，不然就會被吹跑的。

遺世獨立

吾友雪莉偕同老公巴克和女兒們，就住在這片一望無際的北美極地上，再往北行已找不到幾戶人家。這兒的地點與世隔絕，他們的生活方式也特立獨行，有自備的水力發電設備、暖房，一般的日用品也應有盡有，而且還有艘小艇，可以趁天氣好的時候赴最近的鄰居那兒串門子。沒錯！他們這處小窩遺世而獨立地屹立在這片海天交接之處，而她家的「後院」相信是全世界最大的，也是每個人都想一遊的野生動物庇護所，他們就這樣在這兒日復一日地生活著。穿過這兒零零落落的社區，阿拉斯加半島的太平洋海岸赫然在望，那兒全都是公共保護區，有凱梅國家公園暨保護區（Katmai National Park and Preserve）、畢查洛夫國家野生動物庇護所（Becharof National Wildlife Refuge）、阿拉斯加半島國家野生動物庇護所（Alaska Peninsula National Wildlife Refuge）、阿尼亞克查國家遺跡暨保護區（Aniakchak National Monument and Preserve）和伊茲姆貝克國家野生動物庇護所（Izembek National Wildlife Refuge）。

這兒的地址是石牆鎮（沒有編門牌號碼的必要），原是一處沙洲，從海

綠色奇蹟
——阿拉斯加的浩劫與重生

岸線一路延伸出去，而其海岸則像極了由岩石所堆成的一面牆，因而得名。退潮時可以著膠鞋沿著這處海岸線採集貝類。這種覆有甲殼的軟體動物是從岩石間捕獲的，可以佐之以醬油和芥茉生食。

從他們座落於海邊的旅客招待所裡，我面對著伊沙諾茨基海峽(Isanotski Strait)，後來把這通道取名為假通道的美國水手們，認為它的北邊灘淺而危險。淡綠色尤尼馬克島正好屹立於其中，像是切去了頭似的，只見它上方的斜坡和火山口一片雲霧飄渺，看起來就像是鋁鍋的鍋底。

早在第一位俄國人抵達這兒之前，尤尼馬克諸島即呈拱形排列，由這兒向西延綿一千公里左右，都是阿留申人的家，富庶而繁榮的他們，人數原約有一萬六千名。群島中最大的尤尼馬克島也是人口最集中的地方，不過後來由於遭到奴化、謀殺、疾病和遷徙，使得那兒十室九空，到了一七八五年左右，只有一千六百名的阿留申人碩果僅存。到了一八四九年，一份調查報告顯示尤尼馬克島共有十幾處小村莊，後來哈瑞曼探險隊也發現了數個，而喬治長老號也曾駛往那兒就近觀察一番。今天尤尼馬克係以其史前時代的富庶，以及具有歷史價值的地理位置而聞名，大部份的地方都是處女地，除了挖掘出一些鍋碗瓢盆外從未被人們探索過，誰也想不到這兒在昔日擠滿了尋寶的人。此外，尤尼馬克尚有一點為人所熟知，那就是它為假通道裡唯一的小鎮，人口僅有七十名。

巧取豪奪

哈瑞曼探險隊員在旅途上曾聽人說，不知在什麼地方有一處荒廢的印地安村落，後來在回程的終點附近，他們總算把它給找著了，那就是在阿拉斯加東南邊狐岬（Cape Fox）的提林特村。

鮑曾說：「有謠言說那兒的印地安人在幾年前幾乎全都死於天花，少數倖存者也鎮日活在迷信與驚懼之中，再也不敢返回家園，不過不管這謠言是否可信，那處村落很明顯地已有七、八年未曾住過人。那些探險隊員們於是心想既然如此，何不乾脆把那兒的圖騰柱給拿走，然後豎立在他們母校的博物館裡呢？最後大家一致舉雙手贊成……就這樣他們掘出了五、六根圖騰柱，並把它們給弄上船。」

至於我們這位「書記官」本人在當時卻忙於其他的工作。他在記事本上寫道，那一整天他都在赤松的樹蔭下幹活兒，並吃力地把提林特的墓碑給背負在背上，而其他年輕人和船員們，則努力拆下那些雕工細緻、彩繪精巧的圖騰柱，其中有些高達六十英呎，也有些因為埋在土裡而沾上了死屍的骸骨，最後大夥兒終於把它們給拖回船上。鮑對此事的陳述就到此為止，再也

綠色奇蹟

——阿拉斯加的浩劫與重生

沒多說什麼，只告訴我們他記錄下六種鳥類的名稱，以及摘了些鮭莓配著午餐吃。

那天探險隊員在海灘照了一組相片，背景是一排搖搖欲墜的屋子，前面有八到十個圖騰柱。除了這些，還有些木頭簾子、箱子、面具、雕刻品，以及明顯是祭儀所用的一些物品，就堆在海灘上，那些祭儀用品看來顯然是從那些屋子裡掠奪而來，並準備給運走的。

哈瑞曼也從墳墓中取走一對六英呎高的木雕巨熊當作戰利品，另外還有些隊員則取走一張裹屍的毯子。

探險隊員難道看不出，那些有情有義的原住民朋友，就是為了追念其祖先、部族，或是為了宗教或喪葬之用而製作出這些私人物品及圖騰柱嗎？在鮑的文章中，我只拜讀到他處處曲意維護自己，不敢提出強烈質疑的一些言辭，我不禁要問，難道他們真的看不出這些私人物品和圖騰柱的由來？

不過探險隊裡至少有一個人是知道的，那就是莫爾，這個在當天拍照中唯一缺席的人，早在二十年前就曾嚴正抗議過蒐集圖騰柱這種「褻瀆聖物」的行徑，他深知這些物品並非屬於在死亡或搬遷後，任意棄置它們的個別原住民，而是屬於他們整個文化、歷史和精神生活的一部份，當然，莫爾也深切了解，不管在什麼地方或什麼時候，這種盜墓的行徑都是不對的。

就這樣哈瑞曼探險隊掠奪了這些位於狐岬的提林特人遺產，彷彿這些雕

刻品和毛毯等不過是貝殼和獸皮而已，或只是額外一些可供研究或把玩的阿拉斯加物種而已，也好像它們是來自於富庶的野生地，拿走了還可以隨時再補足。

那個謠言……想必這是個便宜行事，也可撇清自己責任的謠言。如果居住於提林特的是盎格魯撒克遜人，即使他們在搬遷到這個一無所有的新城鎮後，隨行牧師仍堅信他們過去所做的每件事，都是為了光宗耀祖和了解自己，也堅信自己的每樁信仰和知識都是為了真理的話，那哈瑞曼他們在提林特的所作所為會有所不同嗎？他們還會這麼無知、還會輕忽一切，還會認為那不過是毫無莊嚴和神聖可言的迷信嗎？

鬼斧神工

我凝視著艾德華・古提斯在狐岬所拍攝的圖騰照片，上面還標明出「面頰圖騰，來自荒廢的山村」等字眼。只見它屹立於繁茂的寬葉草地和鮭莓的荊棘上，細瘦的赤松雜沓地擠在它後面，在幽暗的背景烘托下，這個由西洋杉古木所雕成的作品渾身散發出燦爛的光輝。

圖騰所雕的可以明顯看出是張臉孔，下方的手緊握住一根棍子，間飾著對比強烈的明暗兩大色系，並從嘴的兩側延伸向下。嘴裡兩排方形的木牙緊貼在一起，嘴巴上面就是個單調而無光澤的鼻子，以及一對大眼睛，白色的眼窩輪廓分明，幾乎碰到黑色的虹暈。另一隻手則握住腦袋，泥狀的腦袋上端還長著苔蘚，起初我以為是高聳的前額，不過後來才認出那是又寬又扁平的髮辮。

整座雕像中最顯眼的部份，就要算是那張小小的人臉，它突出於兩隻上臂之間，在下巴鬍子的上方，並且位於髮辮的正中間處。沒錯，這是個人，有著深邃且活靈活現的雙眸，以及一張下彎的嘴巴，就好像在俯視並警戒著攝影者，也像在俯視並警戒著我一樣。這張謙遜而且不大的人臉，並不會像

整座雕像那樣抽象，而且連一些細微末節處也顯得卓然出眾，和真人相比簡直是維妙維肖。

我不禁做了番比較：這副尊容和受盡惡人圍剿的耶穌，可說是無分軒輊。

千山獨行

我頂著千變萬化且呈漩渦狀的朵朵白雲，從石牆鎮一路沿著海岸往南走去。

從陡峭而冰丘處處的山腰，以及偶而出現的岩崖而下，就是狹窄且坡度緩和許多的海岸，並一直延伸到另一側的海床，而海風也微微拂著海面。這兒的海灘有沙和粗糙的礫石，並零星散佈了些較大的岩石，在上面行走並不困難。這時，我看到一個碎了的粉紅色貝殼，以及一堆糾結在一起的雜草，後來我蒐集了兩片已經弄亂的老鷹羽毛，以及一個晶洞瑪瑙，上面的水晶斑點纖細可人。從這通道的最南端處，我看到四、五艘巨型的鮭魚加工船，正在這海灣的較淺處下錨展開作業。

在回程中我又攀上鬆軟的山腰，瀏覽一幢荒廢的小屋，只見它的門窗俱開，任由寒風吹襲，一端的入口也已傾頹，木頭經風吹雨打已呈斑剝的灰色，天花板上塗有焦油的壁紙也肝腸寸斷，而後面的牆更「醉」得東倒西歪，到了屋外可以看到生在四周的野草被強風吹得七零八落。在這片海天一色、雲山相伴、寒風刺骨又隻樹不長的廣漠大地上，這處居所顯得是那麼地

不起眼，又經不起時間的考驗和風雨的摧殘。在寂靜無聲的此刻，我卻彷彿可以聽到那種虛無所帶來的靜謐，正如雷貫耳地襲來。

住在這兒的是個挪威人，時間可追溯至四〇年代起，一直到五〇年代，被大家叫做「孤單伊那」的這個人，是單獨在此結蘆而居，但又不太像個喜歡擁有自己空間的隱士。他在自家的小屋旁還蓋了間鐵匠鋪，離海不遠，另外還有套絞車，用以拖小艇和木材。我有些朋友曾從當地耆老那兒蒐集地方歷史，根據他們的說法，伊那十分喜歡步行和滑雪，經常從他的小屋外出，且動輒走上五十多英哩。其中有頁令人嘖嘖稱奇的故事是這麼說的，有一次他外出時發現了一根夢寐以求的木材，於是他就慢跑回到自己的小屋找斧頭，然後回到原地砍木材。

他是真的寂寞淒涼，或只是獨居於此而已？我那些朋友都說已有一大把年紀的他著實怪異得很，得早點蒙主寵召才是。

他是怪異在先，因而寂寥以終？抑或是寂寥的生活讓他變成怪老子？

我試著想像那種獨處於悠悠天地的生活，我知道對一個居住於這片大地上的人而言，生活或許一點也不空虛，但這兒一切的生活色調卻會讓人「魯鈍」起來，唯一能增強的就是細膩的感受能力，那就是變得可以分辨出不同的風颳出的不同聲音，認識各種季節孵化出的東西和花香，甚至可以辨認出每一隻狐狸，每一隻地鼠，以及每一根木頭。其實獨自住在這兒的人未必一定孤獨，他或許得傾聽其他的聲音，也或許需要集中一切心力以召喚出自己的想像力。

梭羅最後結廬於華爾登池（Walden Pond），並過著離群索居的日子，他並非隱士，而只是在自己的嘗試中反覆尋覓，以找出那片可以讓自己「從容生活，只面對生命真髓」的靜謐。而他也曾寫道：「在我的斗室中有一大群好夥伴，尤其是早上沒人來打擾時。」

連在社交圈裡夙負盛名的約翰•莫爾，最後也在優詩美地的一間陋室中獨自生活了好多年，在無所事事下，有時口袋裡只帶著片厚麵包就往荒野中報到了，且一去就是好幾天。當哈瑞曼探險隊駐足於冰河灣中的莫爾冰河那兒時，他就想要用廢木材在冰河腳下蓋間小屋，然後在那兒長期獨居，以傾聽冰河呻吟和碎裂聲，可惜這美夢從未實現過。

即使鮑洛斯在探險結束後，也擁有了一處私密的場所，那是他第一次在住家以外的場所做研究，後來那地方不再安靜了，他就搬到另一間樹皮屋頂的小屋，並把它叫做「板邊」。別人經常把鮑洛斯誤認為是他那位大叔，這位亦名喚約翰的大叔居住在林子裡的一間茅屋，其他親戚都管他叫做「怪老子」，常常自言自語，也常常站在大街上盯著周遭的每一樣東西瞧，而他的侄子似乎也有這種習慣。當鮑洛斯年歲愈大，思想和作品的轉變就愈大，換句話說，由原來觀察的角度慢慢蛻變為對哲學問題的省思和憂心，最後，他

把自己最成熟的作品蒐集成冊，書名為《接納宇宙》（Accepting the Universe）。

寂寥的伊那後來陷入獨思者所相約成習的傳統中，並沒有把自己的思想形諸文字，但我可以肯定他在孤獨中也是關懷自己的。而且所關心的絕非僅止於覓食和求得溫飽等實際的問題而已，尚包括一些所謂的「大哉問」，比方說像我們到底是誰？我們所為何來？以及又該如何與其他人、自然界或是我們所認知的上帝和諧共處？

我想在其他任何地方，都無法像這兒一樣可保有一片瀰天蓋地的寧靜，自然也無法把這種美妙和他人共享。

北國驚魂

在吾友愛犬的相伴下，我打算把相機、望遠鏡、夾克、午餐和狗食給打包好，去她家後面做徒步旅行，上到那兒的山腰，並直達山脊之巔。看來應該要花上一個小時才能到達山脊，然後只想在那兒徘徊一番，看看自己能瞧到些什麼，接著便打道回府。

這兒是熊的國度，我知道要和長滿赤楊的小峽谷保持距離，況且只有到開闊的苔原上視野才能遼闊起來。我很想見到隻真正的熊，於是拿起望遠鏡，不斷搜索周遭的山腰，然後越過伊沙諾茨基海峽，望向更遠的尤尼馬克島，希望能在遠方發現一隻啃食著青草的熊。但當時正值中午，並非牠們外出覓食的最佳時刻，因此我知道自己這次大概是入寶山而空手回了。

在攀頂時我弄出了些聲響，嘈雜的程度足以使附近的任何一隻熊都知道本人正在此造訪。雖然有時我也會「武裝」起來，但「武器」只是瓶裝有胡椒的噴霧器而已，以備獨自在沿著吵雜的溪谷旅遊，或是隻身採草莓時防身之用。不過通常我都是在沿路製造些聲響以保護自己免受熊的侵襲，並以此「一招半式闖蕩江湖」。至於槍在我的認知中，也一直是只會招來麻煩的玩意

兒，不玩也罷，況且我只聽說過熊「夜路走多了而撞上鬼」，因而命喪黃泉，但卻沒聽說過假通道的人偶而會缺胳膊斷腿的。

就這樣，我聲若洪鐘地對著那頭到處奔逐的狗兒吆喝著，並且不時吹著口哨，唱著歌，或是放聲高喊：「嗨！我來啦！」這時也發現在春末的山腳下，柔軟的苔原已沒有初夏的那番榮景，花兒已謝，有的只是一身新綠的嫩芽，在如鱷魚皮般粗糙的石南葉下搖曳生姿。真希望自己能一直待到八月，屆時滿山都會陷入藍莓、蘚莓，以及紅如寶石的林工莓所形成的一片花海中。

對自己的一切許諾盡皆在此時實現，在我的氣息和步伐中，可以感覺到它在躍動著，就是這股力量驅使我來到這兒。在感覺中，我可以馭風而行，可以像塵土或藜草那麼輕盈地飄上山巔，也可以像展翅高翔的飛鳥，優遊於這處絕美的天地間。沒錯，我正在飄浮著，正在一路滑翔而上，我的視野正越過那屋舍，往上到達一處廣闊的斜坡上，然後攻上山腰，而在導引著自己往上前行之際，也不忘回過頭來，看看潮水衝過那通道。接著視野再越過高山，來到兩側的谷地，並遙望山脊之巔，最後再環顧四周，所有美景盡收眼底。

在這片寂靜的巨大場景中，我的目光接著又落在其中的一個角落，只瞧見一個小得不能再小的銀色光點，從我左側的山谷處竄出，然後又是一大片

綠色奇蹟
——阿拉斯加的浩劫與重生

棕色的身影劃過一個弧線，移動了約一百碼左右。這時才赫然發現那是個熊的腦袋，然後是牠的肩膀、牠的胸膛，這隻熊從山谷裡一躍而出，並一路奔向頂峰。牠似乎正在努力盡到身為一隻熊的本份，而表現得亦堪稱完美，只見牠全神貫注地望著野鼠在地上所掘出的一條地道，然後又注視著多汁的根菜類碎屑，全沒注意到我和狗的存在。

我一陣錯愕，也有些不敢置信，甚至有些困惑和懊惱，為什麼那兒會出現一隻熊？難道我剛才所發出的聲音牠小子全沒聽見？這渾小子怎麼這樣愚鈍，既沒瞧見我也沒嗅出我？

我想這時我還並不頂害怕的，只是隨時保持著警戒，並仔細打量一下我們倆之間的距離和空間。這熊很巨大，雖非我所見過最大的一隻，但要稱為大塊頭卻當之無愧，而且粗短渾圓、孔武有力，無一處疤痕的毛皮濃密得如一地的苔蘚。

「嗨！熊老哥！」我拍著手叫喊道：「走開吧，看看我，我是個人耶，你不會想和人類打照面的，現在就請走吧！」我著實對自己的冷靜感到高興，我終於能一無所懼地和熊這麼大聲說話了。

那熊瞧了瞧後，然後拔腿便跑。

哇！是朝我飛奔而來。

說時遲那時快，其他的事都在電光石火間發生。

我立刻要找那隻狗，發現牠就在我身後瑟縮著。

我高舉雙手揮了揮，示意要牠立刻到我這兒來，並且再度叫喊起來。

此時那頭巨獸的身影已牢記在我心坎裡，牠真的是個美麗的動物，氣派十足、雙眼深幽，動作上似乎是在慢跑而不是飛奔，並像是在苔原上彈跳著。

我輕輕踢了踢那隻已六神無主的狗，從前聽過太多有關狗和熊的故事，大致不外乎是狗先在後面追獵著熊，但不久後即「主客易位」，變成狗跑熊追，最後狗就把一肚子怒火的熊給直接帶到主人那兒。我可不希望此事重演，但覺得狗若斷然發出一些吠聲應該會有所幫助。

我慢慢向後退，但仍然在叫喊著，仍然拼命在揮舞著雙臂，而那隻狗也死命地往我褲襠下鑽。

我所做的每件事都正確無誤，堪稱「中規中矩」，「失禮」的是熊而非在下，可是此時卻是「秀才遇到兵，有理說不清」，只見牠仍然向著我飛奔而來，且毫無收手的跡象。我意識到牠大概不知道這世界上還有什麼讓牠害怕的東西，所以仍毫無顧忌地衝來，並打量著我。

真不知道在擺脫牠魔掌之前，牠會怎樣地攫住我，然後據案大嚼？也不知道自己還要受到多少折磨和痛苦，才會祈禱自己趕快死掉？

往事在這時湧上心頭，多年前我曾在一家水產養殖所裡待過，還記得有

綠色奇蹟
——阿拉斯加的浩劫與重生

一次在佈告欄上貼了張剪自某雜誌的照片，上面那位男士被一頭熊給折磨得幾乎不成人形，已呈紫色的一張臉臃腫得令人心神俱裂，而且是經過一番拼湊才把殘缺不整的容貌給兜攏起來。

真希望那隻狗能走到前面來並犧牲自己，而我也不知道熊宰殺狗的畫面會有多麼可怕和不忍卒睹，當然更不知道自己能否在血腥中趁隙脫逃？

我想自己是千萬個不願意遭到熊吻，於是仍對著牠大聲吆喝，也仍然緩緩後退。此時我注意到自己的聲音已不再那麼地冷靜自持，反而音調高了八度，甚至有些尖銳刺耳。對這一切我十分困窘，也有些手足無措起來。但我並不是個緊張大師，知道這時切莫喊叫，因為喊叫聲對熊來說，就像是受傷的動物在被捕食時所發出的哀鳴。

我知道要怎樣做：躺在地上裝死，可是無法想像這麼做會發生何種結局。我的每根神經都告訴我，要站起來戰鬥。

我考慮到所可能承受的痛苦，以及所摯愛的人，我不希望他們去想像我遭到熊吻而致死的那些可怕鏡頭，這會讓他們傷心欲絕的，同時也會一輩子活在這種傷痛中。

如今那傢伙距離我只有幾碼遠，依然毫不遲疑地欺身而來，而且步伐更快些，整個動作就像行雲流水般。這是頭堪稱完美的熊，渾身毛皮找不到一處污點或粗糙處，顏面上連最小的疤痕都看不到。我立刻覺得自己的弱點已

暴露無遺，附近好幾英哩連根棍子或石塊都找不到，這種情況下我哪堪一擊。

我仍然在叫喊著，不過那已不像是我的聲音了，只聽見自己一個勁地叫著：「我一無是處……毫不足取！」當然這意思是說我根本不值得牠老兄動口吃的，也不值得花一絲心思在我這毫不起眼的人身上。

我想如果被衝撞到地上，就得立刻臉朝下地趴在地上，並盡力保護自己的頭部和腹部。

我又想在倒下時，背包或許會幫我保護住背部，一想到背包，我立刻迅如閃電般地卸下它，並扔到自己前面，也就是熊的身側處。接著我又叫喊：「吃嘛！別客氣！」我想起背包裡還有狗糧、杏仁和柑橘，希望牠扯裂背包，並享用裡面的每一樣東西，好讓我趁隙開溜。

留在身上的就只剩下汗衫口袋裡所裝的那只望遠鏡了，我緊緊握住它，也知道那是我最後一個防身武器。如果那傢伙還不肯善罷甘休，我就只好把這付望遠鏡朝牠臉上砸去。

那熊忽地停了下來，並低下頭去用鼻子嗅了嗅背包，然後抬起斗大的腦袋，杏眼圓睜著，顯現出一身的雪白，眼角處因微血管破裂而劈啪作響，那副表情赤裸裸地表現出對我的嫌惡，然後一扭頭便順著原路躍回去。在倉促撤退時，粗短的尾巴沉重地拖在身後，顯得前身輕而後身重，極不諧調。至此不再有任何躊躇，也不再回頭，不久就消失在小峽谷的盡頭。

我喘了口大氣，並柔聲安慰猶在一旁顫抖的狗，接著再花片刻功夫讓自己鎮定下來，這時才發現自己的雙腿也有點不聽使喚地打著擺子。現在總算有了時間讓我回想起幾年前，發生在附近某山村的一樁悲慘往事，一個七歲男孩不但死於熊手，而且也被生吞活剝。當時他正和母親及姊姊沿著路走著，忽然看見一頭熊從林子裡竄出，三個人立刻沒命地狂奔。但他卻和家人分開了，跑到又高又長的草叢中，而下場就像是馴鹿或其他任何被熊所追逐的獵物一樣。

巴克和雪莉說，從此以後整個山村的人展開激烈的報復，見熊便殺。

我躺在開闊的苔原上望著背包良久，然後移身向前，用步伐測量一下剛才和熊老大的距離。結果發現有五步之遙，換言之，我倆僅隔著十二到十五英呎，此時，我腦海中又回想起這三四十秒鐘的對恃，我很清楚那熊從未真正地威脅過我，也沒有攻擊或挑釁的意味。牠年歲不大，同時好奇心重，不知道我是何方神聖，也不知道所為何來，因此就一溜煙地往山裡遁去，倉促間連我的氣味也沒帶走。我也知道一直到牠用鼻子嗅我背包的時候，才赫然發現我是個極不尋常的東西，而這之後牠所該做的也都做了。

莫爾在文章中寫道，阿拉斯加的熊氣勢非凡，有王者之尊，彷彿「這整個大陸都一直是屬於牠們的」，直到現在，這片大地仍是屬於牠們的——至少

絕大部份的地方是如此。今天的阿拉斯加共棲息有三萬一千頭棕熊，與之相較下，在緯度較低的其他四十八州內，棕熊的總數尚不足一千頭，而那些倖存於公園外的，則只能靠黑暗和濃密灌木林的掩護，膽小如鼠、躲躲閃閃地活著。現在全世界絕大多數的地區都沒有「與熊共舞」的條件或可能性，而且除了少數受到專橫霸道的人類所支配，在動物園裡供人把玩欣賞的那幾頭外，其他的大都沒機會被我們目睹到。

如果這天地間只有人類自己的話，那會是個什麼世界？還會有什麼活生生的奧祕可言？還有什麼東西能讓我們感覺到美好和柔順天真的？

我取出望遠鏡，再次掃瞄過四周所有的地方，只見遠山浩瀚無邊，且一片寂靜，甚至比過去還要顯得美麗可愛些，而色彩也更鮮明些。至於苔原上則有股辛辣嗆鼻的味道，是我過去所從未注意到的，那朵朵白雲也像是法蘭絨的床罩一樣，端莊地高掛於群峰之上。在海峽裡可以看到一艘動力駁船正破浪而行，透過望遠鏡還可以辨認到它的船名為「信心號」。

此時已有一兩滴雨水輕輕打在臉頰上，我拂了拂，以免打濕髮辮。回程時只過了一盞熱茶功夫，朋友的房子就已經在望，接下來我又傍水而行，還看到水管、鵲巢，等穿過玄關，就安全地進入四道牆之內。我給自己倒了杯熱茶，並用隻手舉到乾燥欲裂的唇邊。

荒山紀行

他們在荒涼谷（Howling Valley）遇到了一片荒野。這行程是莫爾向哈瑞曼所建議的，莫說他知道從冰河灣內陸經過一條山徑，在剛越過莫爾冰河處，就可來到一處山谷，這是處狩獵大賽的絕佳地點，裡面甚至還有見首不見尾，令人無從捉摸的大熊。後來在荒涼谷裡，他們聽到了數百隻狼的號叫聲在山谷裡迴盪著，並且發現了各式各樣的動物，大大小小都有。

莫爾之前曾行至這處山谷，並險些發生災難，不過他對這段卻略而不提。話說十二年前，他和忠犬史提金曾一同入內旅遊，結果在如利刃般的冰河裂縫處走失了，最後還得勞煩他的印地安嚮導搭救才得以脫困。又有一次碰到一群狼低吼著迎面而來，當時他手上只有根徒步旅行用的棍子，是否有人狼大戰則不得而知。

哈瑞曼狩獵隊裡有哈本人、莫瑞姆、葛林尼爾、挑夫，以及一名曾服務過凱斯特涅的老雜役，一行人就這樣冒然湧入山谷裡尋找熊跡。這十八英哩的路程裡，他們行經岩石遍佈的山徑，罅隙處處的冰河，也越過傾盆而下的

大雨，和深至腰際的積雪。他們痛苦掙扎了整夜，因為冰河實在太冷而無法當床安枕。一名較聰明的挑夫一看苗頭不對便打道回府，而其他人則靠著哈本人的頑強和毅力才得以繼續前進。最後他們到達山徑的最高處，在那兒可以俯瞰被冰雪所覆蓋、路跡全無，且一片靜寂的荒涼谷。

舒適而愉快的船上生活還在遙遠的後方，包圍著一行人的是仍閉鎖在隆冬中的一片荒野，危險而肅殺。我可以想像一定有股刺骨的寒意流遍他們全身，甚至經驗豐富的挑夫和那位老雜役亦不寒而慄。在酷寒中到處是一片白色的幽暗，毫無浪漫可言，也絕不會有人漫步到這兒讚美它的旖旎風光，在這兒只會懷著敬畏佇立著，並感覺到自己的渺小和微不足道，當然，也會了解「人外有人，天外有天」的道理，知道還有比自己更巨大、更宏偉，且超乎自己控制的東西。

至於莫爾則在船上護衛著哈瑞曼的女眷們，越過以他大名為名的冰河。或許當時他正登上那座冰山，以正常步伐走過它七百英呎寬的冰面，或是和一些印地安人享用一頓由海鷗蛋、野芹菜和海豹油所做的大餐（芹菜葉柄雖然是中空的，但過油後卻脆爽無比，十分美味）。不知是有心抑或無意，總之他那建議完全徒勞無功，不過他對那片荒山野地到底還是十分了解的，知道其價值並不在於征服它，而在於它強迫讓人產生謙遜。另外，他也知道我們是需要這種地方的，而且永永遠遠都需要，因為它不僅僅是我們的「貨倉」，也是心靈所賴以寄託的聖殿。

狩獵隊回來了，精疲力竭、一夜無眠的他們早已凍僵了，而且還得了水腫。看來一行人是步履蹣跚地走過滿是痛苦的十八英哩路程，最後總算回到了岸邊。

充滿憐憫的鮑洛斯起身相迎，並把自己的想法胡亂塗鴉在記事本上：荒涼谷的一切都是莫爾的幻想。

春夢無痕

我們的獵人們仍夢想著熊。

摘自鮑洛斯的《遠征紀事》

有人謠傳在白令海的聖勞倫斯島（St. Lawrence Island）上，發現到北極熊的芳蹤。於是一行越過冰冷的海水兼程北上，但卻在那兒擱淺了，直到夏天結束，回程的航道被冰封前才悵然而返。

那個謠傳讓哈甘冒濃霧和滂沱大雨而登陸，並扛著來福槍來回折騰。如果獵到一頭白色的北極熊，那麼所得到的獎勵便是可以和原先所獵的那頭棕熊配成一對，並像門神一樣鎮在自家門口。這一深一淺的膚色配在一起就成了椒鹽色，同時也會像是胡椒和鹽一樣堪稱絕配。當然，這是舶來品，而且是道道地地的舶來品。

最先發現熊蹤的，就是追隨著那些科學家蒐集鳥類的哈瑞曼愛女。

「是熊耶！」

尾隨在牠們身後，並越過岔路一路追蹤的莫瑞姆此刻正陷入重重濃霧中，牠們如鬼魅般搖晃的背部在破水而出時隱然可見。他遲疑了一下，然後摸索著換下彈殼。只見兩個熊背悠閒而緩慢地搖擺著，而莫瑞姆則躡手躡腳地跟在後面。他知道自己只能發射一顆子彈，當然希望能殺死其中的一隻，接著就可以於一英哩以外再取另一隻的「狗」命。不過這時忽然烏雲壓頂，在漩渦狀的層層雲霧中他跟丟了，所幸旋即在一處霧氣瀰漫的海灘那兒又搜索到牠們。這次他貼得非常近，近得幾乎可以當場射殺，於是，他舉起了槍。

這時，突如其來地傳來一陣咯咯的叫聲，尖銳而刺耳，他立刻感到一陣天旋地轉，只見一對天鵝抬起了長長的頸子環顧著四周，漆黑的小眼睛盯著他猛瞧，接著其中一隻啪啪地伸展出翅膀，倉皇地鑽到另一隻的身側。莫瑞姆此時只好放低槍隻凝視著前方，然後像調整望遠鏡上的焦距控制鈕一樣，把目光從最遠方退回到較近的距離。山脊距離他並不遠，而且只有孤峰突起於苔原上，讓遠方的玉石顯得搶眼極了。這時那兩隻天鵝又來回滑動著牠們的頸子，並再度咯咯叫了起來，同時滿懷戒心展開那沉重的雙翅，一身羽毛在光線下閃閃發亮著。

莫瑞姆的目光集中在一只翅膀的羽毛上，另外，他也在一隻鳥嘴的開口處見到灰色的空隙，那兒剛好位在舌尖處……之後連一切真實的事物也彷彿變得虛幻起來。

事後他以高度幽默感道出這段故事，似乎沒什麼難為情，而其他人則把此事件叫做「莫瑞姆追逐野鵝記」。旅遊結束後，他把紀念相片彙集成冊，並寄給每個隊員，其中有張照片是一對幼鵝在甲板上奔逐的畫面，不過該張照片卻是這樣標明的：「北極熊，攝自聖勞倫斯島」。

如果一隻鳥可以成為一頭熊的話，那一頭豪豬或一根樹的殘枝也可以當成一頭熊了，既然如此，那田野也可以當成大海，螢火蟲也可以視為星星，當然，牆上的龜裂處更可以看成聖母瑪莉亞的臉龐——這世上還有什麼是真正一成不變的？

這是個修辭學上的問題，但我在莫瑞姆的追蹤行動中，在鮑洛斯偏狹的目光中，以及在自己愚鈍的觀察和預測中，找到了其中的答案。認知就像美一樣，是繫乎當事人的眼睛，且似乎和期望有關，而無關乎科學真理。如果我們目光所見受制於自己的期望，或是被自己的念頭牽著鼻子走，那事物的可能性就和我們的目光一樣了。

魚祭大典

當巴克從河口處回來時，拎在手上的是今年的第一條魚獲，也是兩天前他撒下網，並把去年的漁獲都變賣一空後，所捕到的第一尾紅鮭。此時蔚藍的海水依然酷寒，依然微光閃爍著，而這尾紅鮭的鱗片也像極了小小的金屬片。

靠鮭魚而活的北太平洋原住民們，是非常禮遇他們漁季中所捕到的第一尾魚，而且還有些慶祝的活動。巴克並非在沿海處或鮭魚的產地長大，而是成長於有美國大穀倉之稱的中西部，不過，他還是堅決地要繼續此一傳承。因此，他和女兒們來到海岸，蒐集具有象徵意義的蚌殼。

蚌類的殼之所以重要，是因為這種銳利且不時與砂石來回碰撞的殼，是加拿大努卡族（Nootka）印地安人用來製造殺魚刀的材料，而且在金屬刀出現後它仍歷久不衰。在努卡族的傳統想法中，認為只有用這種刀才能表現出對鮭魚的尊重。

從此處開始在長達幾千英哩的岸邊，都是努卡族人活動的範圍，而且和海中巨蚌Mytilus Californianus共享沿岸這處家園。至於生活在這片陸地的終

端，以及附近島嶼上的阿留申人祖先們，則並沒有像這樣依賴他們塊頭較小，數量也較小的蚌殼，不過，他們還是有自己的一套儀式來慶祝鮭魚孵化後的歸來。這些累積無數先人智慧的儀式在很久之前，還曾流傳到俄國東正教和西方世界的一些信仰中，可惜後來不是被打入冷宮就是已經變質，最後遂失傳了。

沒有人告訴巴克這地方的先人在當初是如何歡迎鮭魚的到來，但他自己發現可以在書本中重拾這些文化，再配合上當地人的一些建議，逐漸發展出自己的一套慶祝儀式。他和家人們就像生活在此地的每個人一樣，是依靠鮭魚而活的。當然，他也希望女兒克萊兒和伊瑪提兒了解這點，知道他們和鮭魚間那種唇齒相依的關係，知道自己的責任所在，以及了解到這樣做正是在尊崇那些餵飽他們肚子的生物。

我再次看到巴克和女孩子們時，他們已經用刀切開了鮭魚，並放在草蓆上的木盤裡，其中有兩片肉、魚腹和魚卵。只見肉呈深紅色，光滑如鏡，而魚卵則像透明錢包裡的珠寶一樣。

女孩撿起附近的幾片老鷹羽毛，摘下其中一些較柔軟的絨毛，並灑了些水然後放在魚肉上，接著，再放在他們自己的頭上、父親的頭上，以及圍觀在那兒的每個人頭上。這種「灑聖水」的儀式就像以蚌殼切鮭肉一樣，是屬於西北部印地安人的文化傳承。其中老鷹的柔毛象徵和平與友誼，係用在歡迎鮭魚的慶祝儀式中，同時也會把好運帶給準備這些儀式和享用牠們的每個人身上。當然，我也滿懷喜悅地彎下身來接受這個祝福。

巴克在烤肉架上拿木材生起一把火，烹煮了魚肉，然後偕同女兒把魚屍——頭尾、骨頭和內臟——帶到海邊，並拋回大海裡。這些鮭魚的殘餘部份仍會衝回「鮭魚族人」的土地上，同時也會回覆給其他的鮭魚這些訊息：沒錯，第一條鮭魚的確被待之以尊貴和榮寵，至此其他鮭魚才會尾隨而上，獻出自己的肉身給漁民們捕捉和食用。

魚肉就在大盤子裡烹煮，我們都擁在餐桌周圍，有巴克、他的家人、他的夥伴們以及區區在下。另外，他們也煮了鍋米飯，還用暖房所種植的青菜和雜草嫩苗做成沙拉。

巴克拿起一本有關印地安人捕魚傳統的書慎重其事地宣讀著，書中也談到了在捕獲第一條鮭魚後的慶祝儀式中，那些滿是喜悅和生生不息的感覺。字裡行間無不諄諄地告誡我們，這些儀式旨在提醒人們，大自然是有節奏地在循環著，所有生命都是互相依存的，同時也應該延續這些先人習俗和規範我們的禁意，以使其永垂不朽。最後巴克耳提面命地告訴我們，此時也是感恩的時刻，要感謝上天又恩賜了一年，也感謝回來奉獻出生命的鮭魚。這些話我完全了解，也知道以柴火烹煮的肥美鮭魚所散發的誘人香氣，知道這些鮭魚會沿著肌肉的紋理層層剝落，更知道牠那略鹹的味道。我信賴這片滋養

著「鮭魚人民」的大地，在程度上和對於天堂的信賴是無分軒輊的。在此同時，我也深知鮭魚是如何哺育我們，海中的魚屍是如何滋養著其他生物，當然也深知鷸鷲、海豹和海獅都是彼此需要的，而其中鮭魚更是具「中流砥柱」的作用，滋養著上帝的每一個子民，最後，我更了解責任是始於何處。

秀髮已不再隨風飄揚的伊瑪提兒抿了抿下唇。

巴克也繼續讀著科瓦丘族（Kwakiutl）人的祈禱詞：

歡迎，游水而來的貴客
我們身體無恙地重逢
歡迎，那不可思議的一位貴客
閣下是製造長壽和生命延續的
你一來就可以重新讓我上好發條
正如你過去一貫的行事風格

接著我們都安靜下來，做了番深思，並滿懷感謝，然後就像這鮭魚國度的歷來每位先人一樣，開始享用這頓盛宴。

春風化雨

鄧肯先生許多年的苦心孤詣，才把印地安人由初次時邂逅的野蠻不文，改變成目前高尚且有教養的樣子。

摘自喬治・柏德・葛林尼爾的《阿拉斯加海岸地區的原住民》(The Natives of the Alaska Coast Region)

哈瑞曼探險隊在回程經過阿拉斯加東南部時，曾在米拉卡拉（Metlakatla）參加由佈道家威廉・鄧肯（William Duncan）所主持的主日彌撒，並全神貫注地和眾人一起聆聽，而鄧肯則是全程以茨姆席恩（Tsimshian）語發言。

鮑洛斯說道：「那種語言是以喉嚨發音為主，含糊不清，沒啥特色。」我彷彿可以看到他聆聽鄧肯佈道的神情，並研究那些教區居民為什麼會那麼地投入，連他們一行人的意外造訪都未回頭看一眼。只見出現在他們面前的那些茨姆席恩人個個盛裝出席，並端坐在自己的位子上，女士們都著亮麗的絲質圍巾，或是最時髦的帽子，就和紐約或新英格蘭區上教堂的女士沒什麼兩樣。米拉卡拉的這座雙塔式教堂，是全阿拉斯加最大的一座，八百張座位

全部都經過精雕細琢和打光。鮑洛斯曾歪著腦袋凝視著它的拱形屋頂，只見那座教堂全是由當地所植的西洋杉所打造，十分出色，讓他不住地讚賞。後來當手風琴開始演奏，大家以茨姆席恩語唱著那些又古老又熟悉的聖公會讚美詩時，也讓鮑頗為動容，那聲音和音樂顯然都經過良好的訓練，和他東部鄉下所聽到的一樣和諧。

看來我們這位朋友對米拉卡拉的每件事物，都滿是驚奇與訝異，就像那位蘇格蘭基督徒鄧肯那一口奇怪的話一樣，在在都吸引住鮑的目光。雖然鮑本人沒上過多少次教堂，但他想必知道這兒的教會非比尋常，才能在這「化外之地」建立起這世外桃源。沒有幾位傳教士能像鄧肯那樣，心甘情願地擁抱那些「異教徒」的語言，而且還成功地讓對方皈依基督。對許多人來說，這麼做似乎只有讓自己「落後」，就像是文明人不思「進步」，反而改採化外之地的神話、舞蹈或節慶的傳統習俗那樣。過去的那些傳教士們，不都是希望革除掉那些「下等」的文化或語言，而代之以「上國」的基督教文明嗎？此外，土著語言無法表達其基督教的思想精髓亦是婦孺皆知，因此他們認為只有強迫土著說英語，才是教化他們成為良好基督徒的唯一機會，而且也只有英語才能肩此重任。

但反其道而行的鄧肯卻在那天早上，把自己的故事告訴了那些探險隊員們。或許這讓鮑開始反覆咀嚼著鄧肯的那番話：打從鄧肯來到太平洋西岸這處教會的第一天，就開始學習茨姆席恩語，他每天要花四個小時，向一位本身英文就不怎麼高明的私人老師討教，所以實際上他們倆是彼此都在教導對方，而且也是一起學習、一起成長的。鄧肯回憶到，在第一個月他就學會了一千五百個字，到了八個月，就可以正式地和人應對，並把一些精神層次的複雜概念表達出來，像是他為什麼要來那兒和他們一起生活，以及他要許他們一個怎麼樣的未來等等。

鄧肯告訴其他人他曾把那片完美的大自然帶給茨姆席恩人，也娓娓道出自己說茨姆席恩語的心路歷程，顯然它要比英語來得更讓人自在些。如今，鄧肯又把相同的話向探險隊員們覆誦一遍。

耳中除了鳥語外再也聽不進其他語言的鮑，或許對此會嘆為觀止，但他卻不想讓這種事發生在自己身上，甚至還希望茨姆席恩語的流傳能就此打住，別再父傳子，子傳孫了，同時也希望米拉卡拉這地方會說茨姆席恩語的就只剩下老一輩的人。當然他未必知道阿拉斯加的茨姆席恩語，後來竟演變成美國同化政策下的一場大災難，在大約五十年的時間裡，阿拉斯加的各級學校嚴禁說任何的母語或方言，違規的孩童會饗之以棍棒。

茨姆席恩語是面鏡子，它的消失也象徵阿拉斯加其他土語、美國的其他土語，以及全世界其他土語的隕落。

鮑在教堂裡所聽到的語言，之所以會讓他覺得含糊不清、沒啥特色，且

都是以喉嚨發聲，純粹只是因為他不是那地方的人。那些聲音、那些言辭、那些語言的結構和嚴謹等，都是屬於茨姆席恩世界的，就像是鮑所傾心的任何鳥語、西洋杉和藍蚌一樣，都是屬於他的世界一樣。茨姆席恩語就像土壤一樣是有機體，可以像任何活生生的東西一樣成長、茁壯，同時也是種古老、複雜並且具有高度適應力的東西，當然，它更牢牢掌握住安居那兒的人們所需的一切辭彙，和所有的概念。換言之，他們所想要表達的一切，都可以盡情地用茨姆席恩語表達。

茨姆席恩語死亡之日，也就是茨姆席恩人滅絕之時，就像任何一隻最後被射殺或毒斃的鳥類一樣，一旦死亡整個種族就永遠消失了。

鮑當然安坐在教堂裡聽那些人在唱聖歌，他實在無法想像日後那兒會是一片死寂，無法想像茨姆席恩人的聲音一旦消逝，他們的合唱一旦成為絕響，那全世界也會愈來愈難聽到人們的歡唱聲，到最後連我們所有人的歌聲甚或生命，也都會一同葬送。

水靈乍現

雪莉和我站在海灘的殺魚桌旁處理鮭魚，其中有三隻是帝王鮭，另外十幾隻則為紅鮭。我手操一把有點鈍的殺魚刀，切在那滑不溜丟的銀色魚身上，含有許多細菌的深色分泌物立刻從魚皮滲出。雪莉那邊也沒閒著，只見她手起刀落，把紅鮭的魚頭和內臟取出，準備把它們做成罐頭，而其他的魚肉部份則放入含有鹽水的容器，打算以後做煙燻鮭魚之用。另外我們也挑出些魚頭和魚子，打算送給嗜食這兩種東西的好友史丹利。

潮水經過河口湧入，就像條河一樣，一群海鷗掠過水流，深藍色的海水似乎比低懸於尤尼馬克上空的雲層還要來得幽暗。這兒的船運持續不輟地進行，有一艘又寬又矮的黃色駁船，船舷處寫了「領港船」幾個字，還有幾艘當地的船正直駛向伊卡坦灣（Ikatan Bay），另外也有些漂網漁船和舢舨朝著布瑞斯托灣（Bristol Bay）的莫勒港（Port Moller）前進。這時一頭海獅突然破浪經過我們這兒，和海灘近在咫尺，另外還有隻幼鷹在我們上方飛過，一雙虎視眈眈的眼睛正斜睨著我們手邊那些閃閃發光的魚肉。沒過多久，一架直昇機也跑來湊熱鬧，低空沿著海峽疾駛而過，打算航向假通道的山谷，只

聽見引擎聲隆隆作響，讓附近的加工船和往外地飛去的飛機飽受一場虛驚。

這時又聽到一陣聲音突然跨過水面直撲我們而來，定睛一看原來是道高高的水柱直噴天際，然後又灑落回海上，接著又出現另外一道水柱。不消說，是兩隻鯨魚，雪莉說這是灰鯨，正通過海峽游往其棲息地。不過這兩隻還不時浮出水面呼吸，並翻滾跳躍著。只見其中一隻從水面抬起整個大腦袋，再用顎拍打海面，接著另外一隻也重複著相同的動作。牠們從水面一躍而出，三、四十噸重的龐大身軀幾乎有一半浮出在外，然後又猛地一聲碰撞到海上，並潛向海裡，造型出色的寬尾巴把海面拍打得劈啪作響。接著身體另一側又浮出水面，並把鰭狀肢高舉向空中，真像一位稍嫌笨拙的舞者弓起了自己的臂膀。

雪莉和我都放下了「屠刀」，開始欣賞起這一幕幕的跳躍、搖尾擺臀、碰撞、噴水、拍打水面和鼓翼前進等動作。顯然這些鯨魚很「愛現」，希望有人看到牠們，或是希望浮出水面看看別人。賞鯨者管這種浮出腦袋的動作叫做「跳窺」，或許並不是為了愛現，而只是抬頭環顧四周，尋找定位的地標，好讓自己在水面上的世界不致於迷失，也或許在通過這處狹窄的海峽時，以此自娛或以此提振自己精神。總之，鯨魚是十分活躍的，喜歡以這些輕鬆暢快的動作和粗嘎的叫聲，讓每個人都知道牠們正經過那兒，當然，也或許是牠們在互相表演著，而這就是鯨魚式的「魚躍龍門」。

綠色奇蹟

——阿拉斯加的浩劫與重生

我們人類自詡為上知天文，下知地理，可是對這些動作的來龍去脈卻只能靠猜測。不錯，人類是頗具智慧，可以在短短的時間內就把數量龐大的鯨魚幾乎給趕盡殺絕，到最後只留下數千頭在苟延殘喘著；可是另一方面，我們卻沒有足夠的智慧來保護牠們。在環保意識抬頭下，現今大約有二萬頭的鯨魚悠游於東太平洋上，其中大部份都會轉一個大圈子經過尤尼馬克海口，但也有幾百隻一定會取道伊沙諾茨基而走捷徑。

雪莉說那年初春曾有頭死灰鯨被衝到河口處，從外觀可以判斷牠是遭到殺人鯨的毒手，而且部份身體已經被吞下了肚。這些掠食者知道如何圍繞著一大群鯨魚打轉，並像狼群攻擊美洲鹿一樣伺機下手。後來那隻死灰鯨的屍體被拖進假通道，剩下的肥美魚肉就被那兒的村民和腐食動物剝得精光。

這時有些漁船正通過鯨魚的身旁，其中一艘敞篷的小艇停掉了引擎，並任由船隻在鯨群中飄流，鋁製的船體尚寬，但長度卻比鯨魚的尾巴長不了多少。雪莉和我站在一隅，面對著這處南來北往的必經要道，這場「閱兵秀」仍在進行著，不久，安靜了許多的群鯨就越過那片沙洲，而點點船影和鮭魚也正緊跟在後通過了海口。

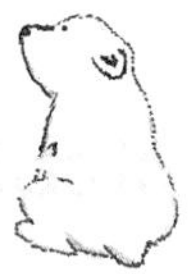

出水芙蓉

魚和閒雜人等一走，海邊熱浴盆便由此地的女士們接管了，其中有雪莉、她的小姑、兩個女兒和我，我們褪下了內褲、套頭毛衫、夾克、羊毛襪和內衣，等到放鬆下來後就躍入這個木製的大浴盆裡，由下面的火爐燃燒以把水給加熱。

頓時一陣暖意穿透全身，滋味絕妙極了。

我的下巴以下都浸泡在水裡，已打濕的髮梢頂在頸子上，遠望沙灘可以看到一隻鷸鳥不知在那兒啄著些什麼，眼前的海水一片灰濛濛的，颼颼冷風掠過浪頭。越過海峽就是群峰，峰頂雖然隱沒在晦暗的漩渦狀雲層中，但較低的山側仍可見到積雪溶入綠意盎然的山谷裡，讓這一切都沐浴在黃昏的柔和亮光裡。此刻天氣晴朗，景物看上去就像是透過了透明的液體似的。鮑把這些叫做「澄澈而清明的光亮」，並把這一片綠意稱之為「翠綠的地毯」。

我們彷彿把自己沈浸於冬眠的狀態中，頭上的朵朵白雲「柔腸寸斷」成一面面的旗子狀，邊緣呈現出粉紅色和淡黃色。我們時而起身迎向刺骨的寒風，時而浸入滾燙的水中，任由滑溜溜的水按摩著自己的肌膚，和攪動著自已塵封已久的心。那兩個小女孩也片刻不得閒地穿梭於木盆周圍，時而製造出人工波浪，時而把一瓢瓢的水往自己的頭上澆去，不久，她們又爬出木盆，並到沙灘上來回競逐著，任由阿留申的酷寒海水涉過自己的膝蓋。她們的美一如任何地方的任何生靈，其白皙的膚色和悠閒的神態也一如棲息於這處最偏遠國度的所有子民一樣。此刻我想全世界再也找不出更令人愉悅的畫面了，只見克萊兒和伊瑪提兒所置身的世界是一片靜謐的水域和蒼翠的山巒，間雜著點點白雪，而極目仰望之下也盡是柔軟如棉的天際。

可是可憐的鮑洛斯在整個旅程中都不住地打著冷顫，並把自己裹在最厚重的衣物中，似乎永遠都得不到足夠的溫暖。我不知道喬治長老號上的衛浴設備是什麼樣子，但顯然船上的煤是可以用來給水加熱的，讓他們偶而享受到維多利亞式的熱水澡。此時，我們這五個赤身露體的女人已從蒸汽瀰漫的木盆中一躍而起，迎向冷冽的周遭世界，並望著翱翔於懸崖處的群鷹追逐著獵物，我們都感到周身一陣暖意，彷彿可直透骨髓，而且心滿意足極了，凡此一切鮑能夠想像得到嗎？

臨去秋波

喬治長老號在往南回航的途中，曾趁著好天氣越過礁岩遍佈而且濁浪滔滔的海洋。當時一行人已探險了二個月，走了好幾千英哩，而那兩天可算是整個航程中天氣最晴朗、視野最遼闊的時候。好天氣山脈（Fairweather Range）裡白雪靄靄的頂峰這時就像是熾熱的模板一樣，插入眩目的藍天之中。

莫爾認為這段風光是整個旅程中「最光彩奪目的」，但感情較為內斂的鮑則說，他們所面對的是「航海家們無法視為理所當然的天氣」。

探險隊裡的某位藝術家也伸出凍僵的雙手，趁著太陽高掛於天際前，把聖伊里亞斯山（Mount Saint Elias）的日出畫面給畫了出來，但只過了幾秒鐘，其他晚起的畫家就徒呼負負了。

而鮑洛斯則在房間裡——我猜一定是又暈船了——振筆疾書，當他們在那天黃昏通過好天氣山脈時，光線曾從山上反射過來並湧入他的房間，因此寫下了：「此時太陽就像是一輪巨大的滿月」。對他來說，那一整天是藍色與白色所合譜成的一天，像大海、天空和群山等都是。我可以想像鮑洛斯在船顛簸前行時，會佇立於圓窗邊，死盯著沈穩且一成不變的群峰。他知道對付噁心欲嘔的祕訣，就是抓緊船的欄杆朝海裡猛吐唾沫，同時讓新鮮的空氣輕輕拂過自己。

幾天前他曾在雅庫塔灣附近，向印地安原住民買了幾籃野草莓，然後喜出望外地逢人便大談他的「草莓經」，把那次所買的和自己所知道的東方品種做比較，前者在乍看之下顯得有點小，顏色也淡些，「引不起大家的興趣」，只有在品嚐後才不得不承認它「風味絕佳」。至於躺在睡鋪後，雙目所及也盡是一片藍與白，那會勾起他的鄉愁，讓他想起家鄉的草莓和結實累累的康科特種葡萄嗎？或是食不甘味，只想早點返抵家園，重溫那舒適的陸地生活？

在船緩緩駛過好天氣山脈時，探險隊員曾多次聚集在甲板上，爭相誇讚這趟阿拉斯加行的最後一處小山，而哈瑞曼的小孩則再次穿起他們的水手服來。不過，此趟旅行的主其事者何在？原來當時哈瑞曼正偕同夫人坐在另一側的甲板椅子上，身上蓋著寬鬆的衣物，面對著北太平洋長而蔚藍的海平面，他們目光所及之處都是一片汪洋，看不到一座山，也望不到任何一片陸地。

而莫瑞姆則行色匆匆地繞行著甲板，打算找到他們夫婦，最後在碰面時忍不住喊道：「你們錯過整個旅程中最壯麗的風景啦！」

但哈瑞曼置若罔聞，依舊待在原地沒動。回程對他而言實在是長得令人不耐，他迫不急待地想要回去幹活，重拾那些忙得不可開交的生活，因此沒好氣地對莫瑞姆說：「即使再也欣賞不到任何的美景又算什麼！」

至於哈瑞曼夫人有何反應則沒有見諸記載，當時她欣賞到足夠的美景了嗎？還只是微笑地要求莫瑞姆原諒她先生的粗魯行徑？還是推開毯子、拉下裙子，跑過去仔細瞧瞧那最後的一片美景？我要是她的話就會做最後一項選擇，其實我們對這位十九世紀的婦女所知不多，似乎她一直隱身於幕後。真希望她享受到這最後一刻的歡愉，把萬里晴空下的壯麗海岸線給瞧個夠。當然，也希望她為自己感到高興，並和我一同認識如此一處世界級的美景。

魚與熊掌

阿拉斯加的壯觀和宏偉比它所盛產的黃金、魚產或木材還要有價值，因為，這是永遠不會消耗殆盡的，單就收自於觀光客的金錢來加以衡量，就不難發現此一價值龐大得無法計算。

摘自亨利・甘涅特的《地理概論》

如果地理學家亨利・甘涅特至今還活著的話，大概不是在阿拉斯加商會（Alaska Chamber of Commerce）那兒服務，就是到安克拉治觀光局（Anchorage Visitors Bureau）吃頭路。他從事這些工作時一定態度良好，且駕輕就熟。

當然，他也一定會走不開的，因為現在阿拉斯加觀光業所雇用的員工人數僅次於漁業，居第二位，而對該州經濟的貢獻程度則居第三位，僅次於煉油和漁業。

現在尚屬草創期的此一產業把觀光客帶往高山和冰河處欣賞美景，並向提林特的婦女們購買西洋衫樹皮所編織的籃子。如今，這些婦女又把她們叫

賣聲給擴張到西卡和朱諾的人行道上。想當年探險隊在途經莫爾所鐘愛的冰河灣時，曾發現許多木板沿著海岸線舖放，成為了人行道，以保護過往者的鞋子。此處的美景頗引人注目，因此古提斯才會以這處浪漫且還沒被糟蹋掉的街景為背景，共拍攝了五千張上好的相片。

當整個探險隊都對觀光業的未來發展寄予厚望時，莫爾卻獨排眾議，他並不喜歡觀光客，總認為他們不尊重他所鍾愛的這片土地，會為了個人私利而恣意破壞它。在他剛到冰河灣那兒出遊時就曾注意到，每當晚餐鈴響起，大夥兒就會立刻停止凝視，並一哄而散地跑去吃飯。

到了現在，允許進入冰河灣的觀光船數目是有所限制的，以保護放養在那兒的座頭鯨，以及「觀光客的觀光品質」。阿拉斯加東南方的觀光景點大都是輪廓分明的原野，俟深入北部，觀光客則群集於狄那利（Denali）的飯店和汽車上，準備搭飛機像蒼蠅般嗡嗡聲不斷地圍繞在阿拉斯加的最高峰處。至於隨處可見的溪流也是摩肩接踵，大家競相在這兒釣鮭魚，由於彼此間常常勾到對方，所以也成了眾所周知的「戰鬥漁場」，另外道路兩旁也停滿了拖車等「臨時房屋」。

一位在凱梅國家公園裡工作的女自然學家告訴過我，有一次一頭棕熊駐足在一處小徑中間，照顧著兩頭雙胞胎幼熊，這時突然湧入一些觀光客，不由分說地拿起相機便拍將起來，後來還以身體會受傷害為由，威脅著她立刻把熊給攆走，一問之下才知道一行人正急著趕回住處參加雞尾酒會，一刻也不想晚到。

長期以來我一直是約翰・莫爾鰆魚俱樂部（John Muir's Sierra Club）的一員，也經常到阿拉斯加海上保護協會（Alaska Marine Conservation Council）去，不過最近我又加入了一個新的地方性組織——「反抗觀光業猖獗協會」（Folks Against Rampant Tourism）。

近鄉情怯

我打算先乘小船到山谷，再搭小飛機赴冷灣（Cold Bay），在那兒就可以轉搭噴射客機直奔安克拉治。我知道要走多遠才到家，而且光是單趟車票就要花上五百三十八美元。

假通道那兒一片靜謐，居民不是外出捕魚就是忙著避暑，因此當我拖著大包小包行經這小鎮時，只有看到幾個孩子在沿著木板路奔逐著，不久，我穿過了彼得潘商品陳列所、幾家小公司行號的房子，和那間製罐廠的斷垣殘壁，至此就算是走過了這個自一九一七年即開始成長茁壯的小鎮。那些建築新舊雜陳，比方說那間製罐廠的建築物在十五年前就已付之一炬，但彼得潘商品陳列所仍提供著船隊各種燃料、補給品和船具。

稍後我就來到伯爾那兒等候我的飛機，只見一台大螢幕的電視在播放著美國有線電視網的新聞節目，一個男的把帽子拉過眼簾，躺在椅子上打盹兒。伯爾是瑞典人，有個啤酒肚和一口濃重的土腔，不時在那兒和小鎮上來回載客。他有兩架飛機，其中一架有租用契約，另外一架則按時刻表載人載貨。很顯然，要把乘客和郵件「適才適所又適時」地湊在一架飛機上，可不是件簡單的工作，他經常打電話給冷灣的人，和他們討論時刻表，或叫醒睡著的人，甚至還曾為了搜尋一個菲律賓女人的下落，而折騰得死去活來，原來那個女人從加工船裡溜上岸去哈口煙，可是卻一直沒回來。另外，他也會把某兩個乘客在過去那些不堪告人的事全向我抖了出來，據他說那兩個傢伙「連喝了好幾天的酒，而且逢人便上演鐵公雞」。最後他自動向我「交心」，坦然道出他之所以對假通道的生活還是這麼戀戀不捨，純粹是因為這兒「永遠不怕沒活兒幹」。他的雙胞胎女兒都在大學讀書，一個攻讀餐飲，另一個則研修機械，而那個搞柴油引擎的兒子，則因為意外傷了腿部而住院。他曾告訴這三個孩子，除了釣魚外他們還得學點別的，他還記得說這話的那年是漁業最不景氣的時候。

在旅途中，一個女的不斷地「質詢」我，比方說問我是誰，是打哪兒來的，和來這兒幹啥等等，最後還問我是不是喜歡這兒。不久之後她終於道出實情，原來是想把「託孤」的重任交給我，要我在機上看顧好她身旁的那個小女孩，等到了冷灣後再交給那兒的一個婦人，最後還千囑咐萬拜託，別把小女孩交給其他任何人。來搭機的人比我想像得還多，因此每個人都沒什麼活動空間，其中有對夫婦還拎了個裝數瓶佳釀的紙袋，入座沒多久就興高采烈地打開行李箱，取出一箱啤酒，然後就在我身後開懷暢飲起來。

我們是在雲層下飛離，揮別了假通道，也揮別了尤尼馬克島，此刻正是

身處於這海峽的一個禮拜中頭一回目睹到島上的山巔。那座山名喚圓頂山（Roundtop），高度比起鮑所心儀的那些火山和富士山可謂遜色許多。

歷經一切時光的考驗後，在眼簾中正逐漸縮小的那個小山谷裡，住著部份阿留申人和部份其他人，那兒的人一生下來就得接受強風的淬鍊，得在海中討生活，並遺世而獨立地在這世外桃源過著美好的日子。最後映入我眼簾的，是山谷裡少數幾間閃閃發光的屋頂、貯油槽，以及穿過苔原且頂著颼颼強風的蒼白馬路。我的目光徘徊在那簇新且堅固的渡船碼頭上，久久不忍離去，由於有了這座碼頭，使得公營的渡輪在如今可以泊於假通道，在夏季時它每個月都會靠岸一次，然後駛抵阿留申群島，不過回程時卻不停靠。

我很喜歡這樣想，如果無家可歸的話，不妨就此一路往西浪跡天涯下去，另外也想像著如果沒有飛機可搭，如果這個季節末M&M號不回到荷馬港的話，如果只能置身於這個遙遠的國度，而哪兒都走不了的話，那……！

峽
Seward半島
阿拉斯
Nome
Nulato
育空河
拉
Norton Sound
Unalakleet
育空河
Mountain Village
Chevak
赫利庫羅斯
Kuskokwim山脈
華盛頓特區
Kuskokwim河
Lime Villa
Bethel
Napaskiak
Eek
Kilbuck山脈
Taylor山脈
Newhalen
Togiak
Dillingham
Tliamna湖
Nakmek
Katomai國家公園
Bristol 灣
阿拉斯加半島
Kodiak島
300km

尋尋覓覓

幾個月後的一個假日，我來到美國國家歷史博物館，在熙來攘往的孩童間流連徘徊著，想要找到那些圖騰柱。不久就在一樓發現了一對，也就是被學者鑑定為海達（Haida）的那兩個。接著又來到樓上灰塵遍佈且毫無生氣的原住民文化廳（Native Culture Hall）裡，在許多全身人體模型和臉孔模型間，忽然找到了一個令人毛骨聳然的箱子，標籤上註明著「提林特，阿拉斯加東南」等幾個字。裡面顯然是個房屋圖騰柱，造型上是個巨熊的血盆大口所形成的正門，頭頂上有兩個看守人的造型。不過，這些只是整個圖騰柱的下半部，至於上半部則高過一般人伸手所及之處，而且被保護在塑膠玻璃防護罩後。

就憑「提林特」這幾個字，就斷定它是哈瑞曼探險隊從狐岬所帶來的話，那証據未免也太薄弱了些。

我立刻向博物館的人類學部門討教，裡面一位甜美的女孩給了我一些圖騰柱的研究資料，並囑咐我稍安勿躁，她們會再查查看館裡面是否有哈瑞曼探險隊所蒐集到的東西。等我再打電話給她時，她告訴我館裡面只有些黏土模型，是哈瑞曼夫人在西卡向約翰・布雷迪州長買下的。

後來我才知道，哈瑞曼探險隊所「擄走」的圖騰柱中，有兩個在芝加哥田野博物館（Chicago Field Museum），兩個在加州科學院的博物館（Museum of the California Academy of Sciences），一個在密西根大學（University of Michigan）。我想另一個肯定是到了我們的國家博物館，特別是探險隊裡的科學家中，有三位出身於美國國家歷史博物館，但顯然並不在這個箱子裡。

我倍感失望，我希望能親眼目睹到狐岬的圖騰柱，欣賞一下這個由木材和彩繪所形成的「生命」，也想像它有朝一日能重返家園，甚至想向它致歉。但另一方面，我更希望看看其他人欣賞它的表情，這就是把它寄放在這兒的價值所在，亦即為這些古物的存在意義——不在於它是盜竊擄掠而來，而在於它的美和有靈魂的生命。我希望有人能夠說服我，把它們從多雨的海岸移走是完全正當的，否則如今它們早就與草木同朽了。

象齒焚身

我瀏覽博物館所蒐集的骨骼，口中不斷讚嘆著這些由骨盤、脛骨、脊椎骨和肋骨等神秘結構，所拼湊出的鴕鳥、蝙蝠和瞪羚等藝術作品。另外牆上也並排掛了三個海牛的骨架，分別是馬那帝種（Manatee）、儒艮和史特拉種（Steller）海牛，其中第一種來自佛州和西印度群島，能致人於死，第二種來自印度洋，目前數量已相當稀少，而第三種則是來自北太平洋，目前已經滅絕。

我對於史特拉海牛一直都是很了解的，知道當維塔斯白令由俄國首航至阿拉斯加，曾於回航時對它驚鴻一瞥，至此之後就杳如黃鶴，再也沒看過牠的倩影，而船上那些自然學家對牠的描述也不多。我的想像力豐富，曾擁有過許多有關動物的神話，也相信寓言故事裡的動物們，都希望擁有自己的身份和存在意義。一直到現在，我腦海中還不時浮現一種類似海牛的想像圖案：身子巨大、一身皮毛、行動緩慢、會像牛一樣嚼著大海草。

但我不知道為什麼老是有這種想像！

牆上的史特拉種海牛骨骼十分龐大，至少有三十英呎長，比我想像中要大上許多，馬那帝種和儒艮在相較之下要矮了一號。牠的肋骨粗短、厚重，頭蓋骨呈鉤形，殘存的前肢就像船槳一樣孤懸於外，而尾巴則長長地伸出，宛如一面在風中飄盪的旗子。

展示廳外的標示告訴我們，海牛（其名稱的由來是相傳古希臘水手們，常將授乳的儒艮誤認為是美人魚，在貪戀美色之餘卻常常失神而造成海難）不是鯨魚，而是大象的遠親，屬於草食動物，因此其肉的口感可謂一級棒。

我所知道的似乎還要更多，由化石的記錄可以看出，十萬年前海牛可說是充斥在北太平洋的每一處海岸，從加州以迄於日本都可見其芳蹤。到了一七四一年喬治・史特拉（George Steller）首次描述到牠們時，這些海牛的居住地區已大為縮減，而僅侷限在兩個無人島嶼的沿岸，也就是從阿拉斯加到俄國海岸間那個島鏈的最末端兩個島，總數可能有數千頭。

白令的船曾在其中一個島嶼遇難，當人們獵捕這些海牛時，牠們並沒有四散驚逃，那些落難者後來所賴以維生的，就是牠們的肉，據說其肉質鮮嫩肥美，比牛肉和奶油還要棒。這些海牛十分溫順，史特拉在海邊衝浪時還不時地撫摸著牠們。後來，也對牠們的長相和行為做了嚴謹而詳細的描述，甚至還拿香煙「賄賂」水手們，要求對方幫助他丈量和解剖。

自從牠們被人發現後，船隻就絡繹於途地自俄國而來，這些到阿拉斯加做皮草生意的船會定期泊靠在這些島上。食其肉、剝其皮，據說一隻海牛可

以餵飽三十三名大漢一個月。

結果在短短的二十七年內，史特拉種海牛就消失得無影無蹤。

史特拉蒐集海牛從不是為了科學研究之用，而他助理所精心繪製的海牛圖像，也在橫越西伯利亞的路上遺失了。現在陳列於博物館的這付骨骼是合成的，是在這類生物慘遭滅絕之後許久，才靠著臆測把撿拾自白令海島嶼上的骨頭給一一拼湊出來。

我試著想像過去這些骨頭外所長出的那些肉，重量怕不有幾千磅？它的脂肪足以讓我們保持溫暖，而濃密的毛皮據說也是「皺紋密佈」，宛如老樺樹的樹皮。牠的尾巴是水平的，就像是鯨魚尾部一樣，不過博物館的這副骸骨卻缺了尾骨，而其前肢則為水平姿勢的鰭狀肢、蹄底還長出粗毛，就像用來擦洗東西的刷子一樣，可以協助海牛在岩石密佈的淺灘吃海草時，能緊緊抓住岩石而不致於被浪捲走。據史特拉說，海牛肥胖多肉的大腦袋看起來和水牛的頭一模一樣，尤其是雙唇更是唯妙唯肖。不過嘴裡並沒有牙齒，而是兩排骨質的假牙床，用來磨碎海草葉。至於眼睛則和羊的大小相若，而耳朵則在外觀上無法看見。不過這種機警且聰明的動物十分可憐，渾身裝備既不能用來戰鬥，也不能用來逃脫，每天只是一個勁兒地吃吃吃。

在哈瑞曼赴阿拉斯加探險的二十年前，一名到過白令海的訪客說，當地原住民聲稱他們曾見過史特拉種海牛。而在我親赴阿拉斯加半島尾端探險的

綠色奇蹟
——阿拉斯加的浩劫與重生

二十年前，就謠傳說仍有人目睹到史特拉種海牛，自俄國那邊飄浮而來，因而有人打算前往一探究竟。據我所知，這只是個謠傳，而且探險行動也只聞樓梯響，一直沒有付諸行動。然而，有人仍對此抱有強烈的信念，像我就相信在這海角天涯的某處，一定會有些這種海牛在某些島上悄悄地苟活著。

另一方面，在我意識的某個角落裡，鮑洛斯仍如影隨形地存在著，想要把他的觀察力和想像力帶到阿拉斯加去。他知不知道史特拉種海牛已經絕種了？這我倒不清楚，不過戴爾或探險隊的其他科學家們，在演講中若是有談到白令的探險之舉，或是史特拉的豐功偉業，我也不會感到驚訝的。我曾瘋狂地這樣想，鮑即使有一天能親眼目睹到活生生的海牛，他的目光也一定會先落於在這龐然大物粗背上覓食的海鷗，相形之下，在淺灘處覓食海草的海牛即備受冷落，就像牛和在牛背上覓食虫子的鳥類一樣，你想誰會得到鮑的青睞？

撫今追昔

只見這兒的人行道上熙來攘往著，人群中有外國遊客、有裝扮入時的華盛頓特區上班族、有學生、也有個上了年紀的婦人拿著爆米花在那兒餵食一大群鴿子，和隨處可見的白頭翁（鮑會認為這些「承歡膝下」且嘈雜的鳥絕非美國本地的品種，而是從歐洲入侵來的嗎？還有，他是否對人類最近的演變感到大失所望？）。此刻，我正緊緊握住手中的地鐵行車卡，在這充滿歷史氣息的美國首都街道上信步走著、呼吸著。

這是鮑洛斯的城市，時間可追溯回他年輕時，當時他只想在這地方的公家機關裡幹個辦事員，以養活妻子，後來，他也在這兒初試啼聲，發表了自己的第一篇作品。在那可怕和充滿驚奇的時代裡——南北戰爭和美國由俄國手中買下阿拉斯加的時代——他就是住在這兒。在他幹守衛的那段時間，曾護衛過價值好幾百萬美元的銀行票據，也曾偕同好友瓦特漫步於街上。後來懷特曼也親自建議鮑洛斯，把第一本短文集命名為延齡草（Wake-Robbin），這是種春天常見的白色野花，但該短文集通篇所講的，卻是有關一隻紅胸鳥類的勸誡，和延齡草八桿子也打不著，因而弄得讀者們一頭霧水。

綠色奇蹟
——阿拉斯加的浩劫與重生

可以確定的是，當時華盛頓只是個滿是沼澤和樹林的小城市，而鮑也從未考慮過到阿拉斯加一遊，當然更沒想到有此必要或需求。當時四周的景觀已經夠大了，不但夠大，而且他所希望的不過是回到兒時故鄉蓋茨基爾，重拾那種田園生活的清純。當然，我認為這種心態不能算是個性上的缺陷，只有莫爾似乎是這麼認為。莫爾是個特立獨行的人，事先就看出鮑不過是個過氣的人物。的確如此，鮑只是屬於他那個時代的人物，否則其著作中所訴求的就不致於那麼狹隘了。我信步走在這首善之區的街道上，心中不由得感慨萬千，在周遭眾人裡，還有誰聽過約翰・鮑洛斯其人其事的？還有誰聽過艾德華・哈瑞曼這個被鮑譽為「偉大如拿破崙」，但在赴阿拉斯加探險後十年即溘然長逝的長者？

在潮來潮往的人群中，還有誰知道有關哈瑞曼阿拉斯加探險隊的種種？誰還會對這行人發出驚嘆之聲？還有，那個打橘色領帶的紳士，或那位一臉愁容的淑女，會對那片化外之地的五千種昆虫付出關懷嗎？莫瑞姆曾驅使一大群科學家和助理人員為其賣命，在長達二十年的努力後，才換得那十三冊鉅著的付梓（卻從未完成他主要負責的部份，亦即有關海中哺乳動物的記載）。如今，誰還會有這種大手筆？還有誰會做出那麼周延的計畫，並殫精竭慮地研究海星及其感官組織，以為達爾文的理論多一層背書？還有誰會想到有關提林特人的資料、圖片、藝術品，或是為他們的歌聲和所演奏的喇叭

錄音下來？還有誰會針對冰河的複雜現象做深入的研究？

歷史學家告訴我們，哈瑞曼探險隊的科學成果是豐碩且影響深遠的，成篇累牘的報告都成了日後許多研究的重要參考。

但我所關心的並非這些科學成果，我只是想研究一下哈瑞曼、莫瑞姆、鮑洛斯、莫爾、葛林尼爾、古提斯和其他人的種種事蹟，想對他們那個時代，和那個國家的遙遠邊陲做一番檢視。他們的記錄可以告訴我們——甚至沒有記錄的部份更具說服力——有關他們的那個時代，以及有關我們這個時代的種種。我對歷史的追尋帶我回到過去，重新檢視自己，也在人群中對自己充滿理想的過去，以及那個大得超乎我一切想像的完美國度，感到戀戀難捨起來。

回首前塵

第二天我來到博物館的檔案室裡，翻閱著紀念相簿（Souvenir Album），這本厚達四冊的相片，都是哈瑞曼和所有賓客歡聚時的紀念，有的是以群山為背景，有的是以冰河為主，還有眾賓客著救生衣坐在救生艇裡的鏡頭。當然，也少不了百花爭豔、哈瑞曼所獵得的那頭熊、雅庫塔灣的海豹獵人、馬車港的鯨魚，以及一群海獅從骯髒且佈滿岩石的海灘，沒命地奔逃到海裡的畫面。

我的目光停留在其中一張照片上，背景是俄國的千鳥灣（Plover Bay），前景則是兩位沒戴帽子，且頭髮隨風飛揚的男女，他們都穿了皮毛衫，臉朝向左望去，因此臉的部份幾乎成了側面照。在他們後方約二十英呎的距離，則佇立著兩位哈瑞曼的女眷，她們穿著寬如長靴的外套，上面附著束緊的罩衫和墊肩，白帽像是盤子似的均勻扣在覆有頭巾的頭頂上，臉朝右而立。她們腳下就是佈滿石子的苔原，背後是泓湖水，再後面就是突起於小峽谷的陡峭高山，小峽谷盡為白雪所覆。拍這張照片的倒不是這本相簿製作人古提斯，或是那次旅程中的其他專業攝影人員，而是由戴爾所攝。

兩種文化在這張照片中並陳，而且相片中人物兩個面向左，兩個面向右，距離很遠，有兩個像自家姊妹，另兩個則看起來具異國風味，而且一副「不得其所」的樣子。我試著由這些線索想像戴爾所希望捕捉到的是什麼，哈瑞曼的兩位女眷可能是這次攝影的主題，其他兩人則只是做為前景罷了，就像一些照片只把群山做為背景一樣；不過也或許這兩位原住民才是戴爾的焦點所在，君不見他們是這麼地靠近攝影師，連他們服飾的細節部份、那男子的鷹鉤鼻，和稀疏的鬍子都能看得一清二楚。戴爾在古生物學方面具有專業背景，一發現化石就可以知道它是屬於哪種。

我又回想起從前在博物館的原住民展示廳（Native People Exhibit）裡，所看到的那幅透視畫，裡面是一個和真人一般大小的愛斯摩家庭，穿著毛皮，正在獵一隻海豹。日本觀光客經常站在這幅畫的前面擺出POSE，彷彿他們也置身在這畫中，成了景物的一部份，彷彿他們也是這家庭的一個成員。這幅畫是以諷刺的手法表現，把身處於北國的愛斯摩人那種僵硬死板的動作，滑稽突梯地呈現出來，觀光客們在兩相對照下，不禁對自己的俐落身手露齒而笑。

古提斯在探險歸來後，就以這些作品一舉成名，但其中並沒表現出原住民真實的一面，而只是以浪漫的手法叫他們穿上慶典時所用的衣物，並帶著鼓和弓箭擺出姿勢供其拍照而已，當然，這種做法是會讓我們感到羞愧的。

或許古提斯所帶給我們的真實資料或記錄已被我們遺失，也或許他所呈現給我們的，只是他那個時代的人對原住民的僵化看法。

透過他畫筆所表現出來的，應該和鮑洛斯透過其生花妙筆所帶給我們的一樣。換言之，我們只能在鮑氏的作品中看到田園風光、田園故事和帶給我們愉悅感受的可愛花朵。

我的目光這時又落在另一張相片上，它是由莫瑞姆所拍的，背景是狐岬一戶民宅的室內圖騰柱，高度幾達天花板，造型上是隻大熊，前掌正抓著一個矮小的人，那對大眼中滿是驚懼之色，頭上腳下，裸胸以下的部份位全都隱沒在熊的血盆大口裡。細看之下也發現他留著一頭長髮，並在頭頂那兒束成馬尾，而髮梢則垂在熊腹上。不過那些頭髮倒不是這具木雕的一部份，而是東真人的頭髮懸在那兒。圖騰柱所在的屋子一片狼藉，隱然可見光線自牆上的裂口射入，一些容器東倒西歪地躺在牆的角落，另外在地板上也可見到些零碎雜物。看來這地方在探險隊造訪之前，就已經破敗不堪了。此外相片上還附了「家庭守護神」這幾個字，不知是古提斯還是哈瑞曼落筆的？這些字似乎平凡得不足道哉，似乎是陳腐的迷信，也似乎忽略了這雕像的真正力量，和它的美以及神秘。

接著我又看到一張標明有「兩個強尼」，這幾個字的古提斯作品，相片中鮑洛斯和莫爾站在聖馬修島（Saint Matthew's Island）的積雪和岩石前。在

這張原版照片中，莫爾手中所捧的那束鮮花纖毫畢現，要比其他複製的相片清楚得多。鮑站在離莫幾英呎遠的地方，面朝向莫，手上所握的東西正頂在胸前，看上去不像是束花，而似乎是更為堅固的東西，我猜想大概是一團苔原。另外他的大衣上也沾了些煤渣，前面尖尖的靴子就像在地上生了根似的，穩穩挺立在那兒，在他深色的帽子下我可以清楚地瞧見耳朵下面的捲髮，以及一眼眼角處的魚尾紋。兩人中莫爾是正對著攝影機，而鮑則面向著莫，雖然嘴巴掩在鬍鬚後，但我想他大概正向莫說些話，以軟化莫那僵硬的臉色。

鮑在他報告的結尾，也提到留在煤倉中的煤，以及不停地來回於西伯利亞，且沿路被擠著牛奶的牛群。他似乎忘了自己的不適和難為情，振筆疾書道：「看來沒有什麼航海者要比我們更幸運啦！沒有暴雨，看不到強風，沒有耽擱或意外可提，也見不到疾病。我們一路遠行都平安順利極了。」

我繼續翻閱這四冊厚厚的紀念相簿，裡面的山水風景異常熟悉，一百多年以來似乎沒什麼改變，只是現代化的攝影器材可以以更技巧的手法，把這些相片弄得更唯美，色彩也更豐富些。不過，以野生動物為取景對象的照片並不多，只有那隻死熊，一路逃竄到海裡的海獅群，以及佇立在甲板上那隻毛絨絨的幼鵝。另一方面，讓我目光一再留連，久久不忍闔上的，就是那些骨瘦如柴的阿拉斯加居民，其中有的出現在米拉卡拉的大教堂裡，也有馬車港的兒童，室內圖騰柱旁所出現的，或是我故鄉荷馬鎮的那些居民。仔細的看就可以發現在其中一張照片的前景中，有一隻愛斯基摩人所穿的長統靴和墊在裡面的襯裡，這樣就可以在海灘上保持乾燥，而另一張照片中，只見一張張的海豹皮被撐開，然後掛在釘有門閂的木籬上，我目光又落在最後一張照片中，那個吸吮手指的小孩所呈現的一臉驚恐，看到這些後我臉上不由得一陣抽搐。不過，照片裡卻沒有狐狸農場、罐頭工廠或是採礦區，我想大概是因為這些地方並沒什麼美景，也不具「紀念」價值。

那些攝影師都有使命在身，就像隨團的科學家們也各有其指派的任務，當然，鮑洛斯所分配到的工作就是搖筆桿。我想在他們隨船遠航之前，大概沒有一個人知道會在阿拉斯加碰到什麼，這段寶貴的時光可能都會虛擲掉，但也可能大有斬獲。我想他們後來一定是大為驚訝，能看到巨熊出沒在各處的海岸，目睹到海獺戲水，以及原住民男女們拖著整網閃閃發光的鮭魚。至於我在得知人類曾和海牛這種巨獸這麼親近過，以及人類又是如何糟蹋我所熱愛的這片土地後，也同樣地感到訝異。當然身受橫禍的是那兒的人民、他們的文化，以及他們獨特、古老又懂得與天地調和的生活方式。現在加以保護猶為時未晚，否則以後連驚鴻一瞥亦不可得。

五點一到，我闔上了最後那本厚重的相簿，工作桌上的館員正透過她鏡片的上緣猛向我打量，似乎在等著歸還這些相簿。

綠色奇蹟

——阿拉斯加的浩劫與重生

如今不難看出我所循線追蹤的，是我們國家、我們這個大時代的一個故事，它講述了那塊西北邊陲的脈動和它的擁有物，也探訪了那兒的故國山川，並且更追尋了那兒的神話。當鮑洛斯腳踏在柯迪亞的狐狸農場時，或許有過在那兒終老的遐想。而我也席不暇暖地努力找尋一個遙遠、完美且未受污染的西部國度。你我大概都曾遠遊過，大部份也都一路平順。雖然在地圖上曾是一片空白的這片大地，如今已一個接著一個地填補了人或城鎮，但我們的傲慢和自大卻沿路留下了混亂和破壞。我們應該知道你我所擁有的這個世界，是我們所得到的唯一贈禮，既然如此，又何必有地域和族群之別呢？

不久我就會搭噴射客機，然後沿著海岸低空掠過阿拉斯加的丘加契山（Chugach Mountains），所有的白色海岸線和冷風颼颼的野地都可盡收眼底。這就是我所一直帶在身邊的幻像：沈淪在瑟瑟寒冬中，但不久一定又是一片蒼翠的阿拉斯加，以及有朝一日我們每個人都能安居於各自所熱愛的土地上，且都能以它為榮。不久後飛機就會對著柯克海口緩緩下降，而安克拉治旁的冰山也已變成六角形，在這世紀交替之際一想到這一切的美和希望，一陣澎湃不由得再度湧上心頭。

國家圖書館出版品預行編目資料

發現阿拉斯加/南西・洛德(Nancy Lord)著；李璞良譯. -- 初版. --
台北縣新店市 ： 高談文化, 2003【民92】
面； 公分
譯自：Green Alaska:dreams from the far coast
ISBN 957-0443-73-1（平裝）

752.7809 92006889

發現阿拉斯加

作者：南西・洛德 譯者：李璞良
內頁插圖：黃可萱
編輯出版：宜高文化
地址：台北市信義路六段29號4樓
電話：（02）2726-0677 傳真：（02）2759-4681
http://www.cultuspeak.com.tw
E-Mail：cultuspeak@cultuspeak.com.tw
定價：新台幣230元整
製版；菘展製版 印刷：松霖印刷
圖書總經銷：成信文化事業股份公司
電話：（02）2249-6108 傳真：（02）2249-6103
郵撥帳號：19282592高談文化事業有限公司
行政院新聞局出版事業登記證局版臺省業字第890號

2003年5月初版